MUSÉE NAVAL.

NOTICE

DU PLAN EN RELIEF

DU

CANAL MARITIME DE SUEZ

EXPOSÉ DANS LE MUSÉE DE MARINE

PRÉSENTANT L'HISTORIQUE
DES LIEUX ET DES TRAVAUX EXÉCUTÉS DANS LE DÉSERT,
TELS QU'ILS SONT DÉTAILLÉS
SUR LES LÉGENDES PLACÉES AUTOUR DE CE PLAN,

ACCOMPAGNÉE DE TROIS PLANCHES

PAR LE

VICE-AMIRAL PÂRIS

Membre de l'Institut, Conservateur du Musée de Marine.

PARIS,

CHARLES DE MOURGUES FRÈRES,

Imprimeurs des Musées nationaux,

58, RUE JEAN-JACQUES-ROUSSEAU, 58.

1875.

Palais du Louvre, le 9 juillet 1875.

Monsieur le Directeur,

J'ai l'honneur de vous présenter la Notice qui accompagne le plan en relief du Canal Maritime de Suez, et j'espère que l'importance de cette grande œuvre fera trouver quelque intérêt à la courte Notice destinée à en faire comprendre les difficultés et les résultats.

J'ai l'honneur d'être votre dévoué serviteur.

Le Conservateur du Musée de Marine,

Vice-Amiral PÂRIS.

Approuvé :

Le Directeur des Musées nationaux,

F. REISET

PRÉFACE.

L'ouverture d'une voie maritime directe entre les extrémités de notre vieux monde est un événement trop important, pour qu'il n'ait pas été utile de montrer par un plan en relief, comment on était parvenu à traverser cet isthme, qui forçait nos navires à contourner toute l'Afrique. C'est ce qui a engagé à exécuter le plan exposé dans la première salle du Musée de Marine, en cherchant à imiter la tristesse des lieux et en l'accompagnant de légendes explicatives, jugées nécessaires, pour faire apprécier les difficultés et les résultats du plus grand travail de notre siècle, que l'aspect seul d'un plan ne peut prétendre à faire connaître. Mais l'importance du sujet et la variété des détails ont entraîné ces explications à être fort longues; et dès lors la difficulté d'en prendre connaissance sur les lieux a fait reconnaître qu'il était utile d'imprimer textuellement ce qui entoure le plan, afin de l'ajouter à l'intéressante collection des livrets de nos Musées. De plus, l'éditeur a suppléé à ce qui manque à toute description, en ajoutant des cartes, dont l'une est la reproduction en petit de ce que le relief a fait connaître au public. La seconde est la réduction de la carte du monde connu des anciens, placée à l'une des extrémités du plan, pour faire apprécier les anciennes voies vers l'Orient. Elle est suivie des détails historiques qui entourent cette carte dans la salle du Musée. Enfin la troisième a été ajoutée, pour qu'en la comparant à la précédente, le visiteur du Musée pût apprécier, non-seulement le travail du percement de l'isthme, mais aussi l'énorme influence qu'il exerce entre le passé et l'avenir de la navigation.

Il suffit d'exposer ici que le plan a 10 mètres de long sur 2 m. 40 c. de large et qu'il a été tracé exactement à l'échelle de 0 m. 06 c. par kilomètre ou 6 millimètres pour 100 m., c'est à dire à $\frac{6}{10,000}$, d'après les plans de M. Larousse ingénieur hydrographe pour le canal et les ports et ceux de l'expédition d'Égypte et de l'ingénieur français M. Linant-bey, pour les parties avoisinantes. D'après cette échelle les 100 m. de largeur du canal n'auraient été exprimés que par 0 m. 006 et pour que sur cette grande surface elle fût assez visible, cette largeur a été portée à 10 millimètres. De même que sur tous les plans en relief, les hauteurs ont été exagérées, à cause de la grande différence dans l'appréciation des dimensions des objets, suivant qu'ils sont vus de haut, horizontalement ou d'en bas : tout le monde l'a éprouvé en contemplant une ville du sommet d'un clocher. En conséquence les montagnes ont quatre fois leur vraie hauteur proportionnelle et les dunes des seuils cinq ou six fois; car celui d'El-Guisr n'aurait eu qu'un millimètre et deux dixièmes. Ces exagérations sont nécessaires; car il y a lieu d'observer que l'œil du visiteur est à 10,000, 12,000, ou 15,000 m. de hauteur proportionnelle, suivant sa taille et que si on s'élève jamais aussi haut en ballon, les plus gros objets deviendront invisibles. D'un autre côté il faut être placé assez haut pour embrasser d'un coup d'œil les 160 kilomètres de longueur du canal. Quant au mode d'exécution, il y a lieu de dire qu'au lieu d'être en plâtre, le plan est fait avec une sorte de mortier formé de blanc de zinc et d'ocre jaune, mêlés de siccatif et de grès pilé. Une première couche de cette couleur était appliquée sur le bois et servait à faire adhérer le mortier modelé avec le couteau à palette ou les doigts et saupoudré de grès. Quant aux montagnes, leur relief serait exact si l'on avait fait un relevé de ces lieux désolés ; car elles ont été faites en vingt-deux couches de bois découpées d'après les lignes de niveau reconnues les plus approchées de la vérité ; puis la peinture mêlée de grès est arrivée à faire apprécier leur aspect de désolation. Les villes sont à l'échelle exacte ; elle sont en bois incrusté dans une planche. Aussi toute la vaste surface du plan est facile à nettoyer et ne changera probablement pas d'aspect.

A cet ensemble il a été possible d'ajouter les beaux modèles des dragues et autres engins employés lorsque le travail européen a pu mordre sur l'Isthme, et ces modèles, donnés par le conseil d'administration de la compagnie universelle, ont été groupés sous une vitrine. A l'opposé, quatre panoramas, développés sur une longueur de 4 m. chacun ont représenté à l'aquarelle les petites villes improvisées au milieu du désert et complété ainsi la connaissance des lieux pour ceux qui ne les ont pas visités, ou les souvenirs des voyageurs qui ont profité du canal.

Pour compléter il est utile de mentionner les titres des ouvrages, qui ont permis d'ajouter aux observations personnelles, ce qui était nécessaire à un exposé complet. Le plus important est celui de M. Monteil, ingénieur de la compagnie, qui, sur 328 belles planches gravées sur cuivre et accompagnées d'un texte, a donné les plans et les calculs de toutes les machines et des constructions élevées dans le désert. Viennent ensuite l'intéressant ouvrage de M. Ollivier Ritt, l'album colorié, ainsi que l'ouvrage intitulé : *Le Canal Illustré*, de M. Riou, diverses brochures intéressantes de M. Marius Fontaine, les rapports de M. Lavalley et le guide bijou de M. Millié. Il est à espérer que M. de Lesseps résumera bientôt lui-même toutes les phases de sa grande entreprise.

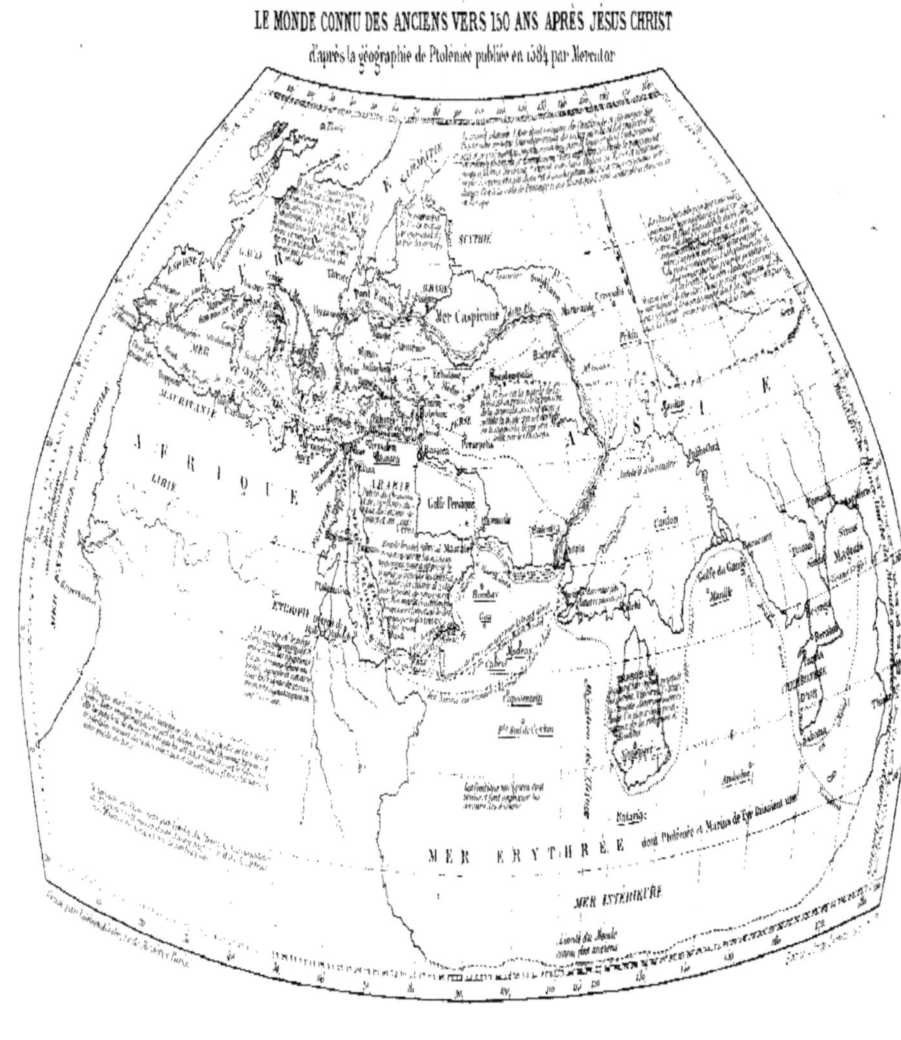

LE MONDE CONNU DES ANCIENS VERS 150 ANS APRÈS JÉSUS CHRIST
d'après la géographie de Ptolémée publiée en 1584 par Mercator

PREMIÈRE PARTIE.

NOTE

SUR LES VOIES SUIVIES PENDANT L'ANTIQUITÉ,

AINSI QUE LE MOYEN AGE,

POUR TRAFIQUER AVEC L'ORIENT.

Dans l'état primitif, le monde était pour chaque peuple le coin de terre où il vivait. Du temps d'Homère c'était la Grèce et les environs; à l'époque d'Hérodote, 450 ans avant Jésus-Christ, la terre s'étendit des colonnes d'Hercule à l'Inde. Les conquêtes d'Alexandre firent connaître l'Orient, et Aristote reconnut que la terre devait être sphérique. Un siècle plus tard Eratosthène la dessina jusqu'au Gange, et en 128 Hipparque inventa la géographie et lui appliqua les mathématiques. Enfin sous le règne d'Auguste, Strabon groupa les connaissances de son époque, et vers 128 de notre ère, Ptolémée rassembla les travaux antérieurs et forma le système du monde, auquel il a donné son nom. Cette forme est restée admise jusqu'à Copernic,

1.

vers 1500, c'est-à-dire au moment où Gama trouvait la route de l'Inde et où Colomb découvrait un nouveau monde. La carte ci-jointe est celle de Ptolémée dressée par Mercator : elle montre les erreurs des anciens, puisque la limite de notre continent est portée à la longitude de 180° (celle de notre antipode) et que **Marin de Tyr** a poussé cette exagération jusqu'à placer cette limite par 230° de longitude (c'est-à-dire presqu'en Amérique). Ce fut pourtant à cette erreur que Christophe Colomb dut la découverte du Nouveau-Monde, qu'il trouva sur sa route, en allant à la recherche de l'ancien. Elle ne fut détruite que par le premier voyage autour du monde de Magellan, vers 1519, et peu après les connaissances géographiques firent des progrès rapides. Cette carte dont les contours sont si bizarres et les positions si erronnées, a dû être placée ici, pour montrer quels ont été les dangers que bravaient les premiers navigateurs, ne connaissant pas plus où ils allaient, que le lieu où ils se trouvaient.

Si d'un côté elle fait apprécier l'audace de Barthélemy Dias atteignant le cap des Tempêtes, et de Gama arrivant dans l'Inde, de l'autre, elle fait admirer davantage les résultats du canal percé par M. de Lesseps, et elle fait comprendre aussi les progrès de cet art de la navigation, qui en moins de trois siècles est devenu le lien de tous les peuples et qui a su diriger partout les marins, leur faire rapporter des positions géographiques exactes et dompter presque la mer et ses tempêtes.

A cela il faut ajouter que si tous les peuples avaient le même climat et les mêmes produits, chaque homme n'aurait eu qu'à rester sur son coin de terre; mais il n'en est pas ainsi; chaque pays a ses productions naturelles, et ne peut acquérir celles des autres climats que

par le transport ; c'est déjà un grand bien dû à la naviga-
tión. A ces différences, s'ajoutent celles des carac-
tères des peuples suivant leur origine, ou leur genre de
vie et elles ont été longtemps maintenues par l'isolement.
Ce n'est que par les voyages et surtout par la navigation, que les peuples se sont connus et ont échangé
leurs produits ; ils sont ainsi sortis de la barbarie, c'est-
à-dire de cet état, où le soin de subsister éprouve assez
d'obstacles, pour être le seul but des efforts. Notre Europe a longtemps été barbare, elle est restée pendant
des siècles dans l'état où elle a trouvé récemment les
habitants de l'Amérique et du Grand Océan. C'est par la
navigation devenue plus étendue qu'elle est arrivée à
connaître le monde et à y prendre comme à y répandre
les idées et les produits de tous les pays, faisant ainsi
un mélange, d'où est née la plus grande somme de
jouissances qu'on ait jamais réunies, c'est-à-dire celle
des produits de tous les pays de la terre chez presque
tous les peuples de l'univers. On a grand peine à le
croire maintenant, qu'une femme se pare d'objets venus
de toutes les parties du monde en bijoux, plumes,
soieries, étoffes de toutes sortes et que sur une table
on étale les produits des contrées les plus éloignées.
Outre les épices, on y voit du café, du thé, des légumes,
des fruits et même des animaux jadis étrangers à notre
sol. On trouve cela tout naturel et on oublie par combien de périls nos pères ont dû passer, pour arriver à
cette abondance générale ; on ne songe pas aux dangers
de la mer, que des naufrages rappellent cependant. On
n'apprécie pas non plus les services de ce canal qui
raccourcit de 10,000 kilomètres, les voyages vers cet
Orient, qui nous donne encore tant d'objets qui nous
manquent. Nous somme arrivés à être des enfants
gâtés, n'appréciant plus à leur valeur les bienfaits de

la nature; pour nous, beaucoup est devenu presque rien. Mais cette jouissance de bien-être acquis, ne doit pas empêcher de retourner quelquefois les pensées vers le passé; et le but de cette note, ainsi que de la carte, est de montrer les difficultés vaincues par nos ancêtres, et d'apprécier ainsi les avantages de la nouvelle voie ouverte au commerce général.

L'Europe était complétement sauvage, longtemps après la civilisation de tout l'Orient. Elle n'avait que des outils de pierre à l'époque de la guerre de Troie, alors que les pyramides étaient élevées depuis plus de mille ans. Elle était dans l'état où nous avons trouvé l'Amérique du Nord. La civilisation a été apportée de l'Orient par les Grecs, qui fondèrent Marseille 600 ans avant Jésus-Christ et d'où naquirent Agde, Antibes, Nice, et par les Phéniciens qui s'établirent à Carthage 860 ans avant Jésus-Christ, puis à Cadix, à Carthagène et à Palerme. Rome ne s'étendit et ne civilisa le midi de l'Europe que peu de temps avant notre ère. Mais 450 ans après, l'invasion des barbares arrêta brusquement les progrès de la civilisation. Les Arabes lui rendirent quelques sciences au VIIIe siècle, et ce fut la découverte de la route de l'Inde et celle d'un monde nouveau, qui furent pour elle l'occasion de prendre un essor, qui l'a portée en trois siècles à dominer le monde par sa force et par son industrie. Elle est arrivée en si peu de temps à un tel état de richesse et de prospérité, inconnu aux anciens, qu'il est impossible de savoir où s'arrêtera cet essor.

Avant d'être devenue dominatrice du monde, l'Europe n'avait dans l'origine que quelques grains, des fruits à pépin, des châtaignes et des ani-

maux domestiques inférieurs à ceux de l'Orient, dont
les habitants possédaient tout cela et de plus le riz, le
maïs, le sucre, l'orange, la pêche, l'abricot, la cerise, le
café et le thé connu assez tard. Ils élevaient les chèvres
du Thibet, le dindon, les meilleurs chevaux ; ils avaient
les plus belles laines. Il faut y ajouter l'ivoire, la soie,
le coton, beaucoup de plantes médicinales, le poivre, la
canelle, la muscade, le girofle, les plus belles teintures,
les perles, les diamants, les émeraudes, les saphirs,
taillés et polis par une vieille industrie. Les Orientaux
savaient tirer parti des dons de la nature, ils avaient
ce que nous appelons une industrie, alors que nous
n'avions que des pierres pour armes et pour outils. Ils
avaient découvert la fabrication du fer et peut-être de
l'acier, ainsi que la boussole, mais sans l'utiliser mieux
que la poudre à canon. Ils élevaient alors des édifices qui
étonnent encore, croisaient les fils de leurs étoffes en
cachemires, en tapis, en châles; ils tissaient des mousselines aériennes passant dans une bague, ils fabri-
quaient la porcelaine. Ils connaissaient l'astronomie et
avaient une histoire ancienne, alors que nous n'avions
pas d'écriture. Bref, ils avaient su acquérir tout, quand
nous n'avions rien.

L'Inde est restée mystérieuse pour les anciens
qui connaissaient cependant ses riches produits.
Elle ne fut en partie dévoilée que par les campagnes
d'Alexandre. Les anciens n'y pénétrèrent cependant
jamais, malgré l'appas que devaient présenter tous les
trésors de ces pays alors féeriques, apportés à travers les
déserts ou sur des mers inconnues. Les perles, les saphirs,
les rubis, les tourmalines, que ses habitants ont seuls
su graver et tailler; l'ivoire, la myrrhe, les plus pré-

cieuses épices, le coton arrivaient de ces contrés d'où
sortait le soleil. Il en était de même du sucre, de l'in-
digo et surtout de la soie, réservée aux reines, et qui se
payait au poids de l'or. A ces produits naturels, s'ajou-
taient des étoffes admirables, tels que les châles, les
soieries, les cotonnades de couleur, les tapis et les mousselines, toutes imitées depuis si peu de temps en
Europe.

La Chine était inconnue des anciens et des
modernes jusqu'aux conquêtes de Gengis-Kan au
XIIIe siècle. Elle étonna les Portugais et les Hollandais
par sa population évaluée à 300 ou 400 millions d'âmes,
par ses arts, son agriculture et son industrie, indices
d'une vieille civilisation, que les Chinois font remonter
à 80 ou 100,000 ans. Leur vraie histoire date de 2640 ans
avant Jésus-Christ. Ils ont exécuté des travaux aussi
gigantesques que les Égyptiens, canalisé et cultivé leur
pays d'une manière admirable. A une nature prodigue ils
ont ajouté tout ce que le travail humain peut donner
de richesses. L'industrie chinoise a été presque sans
pareille jusqu'à ces derniers temps, par ses étoffes et
ses produits variés et bizarres à nos yeux, mais dont
le travail est d'un fini remarquable. Elle nous a montré l'imprimerie, le papier, la boussole et la poudre à
canon, inventés avant d'être connus en Europe, mais
dont les habitants n'ont pas su tirer le même parti que
nous. Intelligent et travailleur infatigable, le Chinois
n'est inférieur que pour les sciences élevées, la navigation et la guerre.

Après s'être longtemps préservé de notre contact, la
Chine a été forcée d'ouvrir son territoire et de laisser
établir chez elle un commerce dont les proportions

toujours croissantes rendront le grand canal maritime de plus en plus utile.

Iles à épices. — A l'Est de l'Inde se trouve le grand Archipel entièrement inconnu aux anciens et découvert par les Portugais vers 1508. Ses îles sont encore les seules qui produisent le poivre, le girofle, la muscade et l'huile de Cajepout. Leur admirable fertilité y fait croître en abondance le sucre, le café, le riz, le coton, le sagou, la noix d'Arek, le bambou, le rotin, et des bois superbes. On y trouve aussi l'étain de Banca, le Trépan et les nids d'oiseaux si recherchés des gourmands chinois. Sous la direction sage des Hollandais, ces îles ont acquis un degré de prospérité qu'elles n'avaient pas sous les Portugais, après que ceux-ci eurent enlevé aux Arabes le monopole du commerce de l'extrême Orient.

C'est de proche en proche que la civilisation et les arts sont arrivés de l'Orient en Europe et sans chercher si l'Égypte a marché parallèlement à l'Inde et à la Chine, ou si elle a été devancée; toujours est-il que c'est chez elle, que la Grèce a commencé à s'instruire et à puiser le premier germe de ce goût des arts, qu'elle a poussé si loin, et qui après avoir passé par Rome est arrivé chez nous à la suite des siècles. On voit dans la Bible combien les produits de l'Orient étaient recherchés; Salomon y envoie prendre les ornements de son temple. Grâce au chameau, ce bateau du désert, les trésors arrivaient à Tyr, qui fondée 1900 ans avant Jésus-Christ, fut longtemps le seul entrepôt du commerce de l'Est et reçut le titre de reine des mers. Du XIX⁰ au XIII⁰ siècle, cette cité, dont la corruption égalait la richesse, fonda Carthage, Hippone, Cadix et d'autres colonies. Elle seule fournit à l'Europe l'étain nécessaire au bronze, qui remplaça longtemps le fer. Elle inventa la pourpre, le verre dont elle garda longtemps le secret et fit le premier alphabet. Elle fut conquise en 322 par Alexandre, qui n'en vint à bout que par le travail gigantesque d'une digue, qui l'unit encore à la terre et sa ruine fut complétée par la fondation d'Alexandrie. Son aspect misérable montre l'abaissement des pays dont le commerce fut la seule source de richesse. Les Tyriens ont toujours reçu par terre les produits de l'Inde ; tandis que les Égyptiens ont été les chercher, ou les ont reçus des Arabes par mer, comme le montrent les traces de leurs routes sur la carte. Pendant des siècles, les heureux Orientaux n'eurent qu'à jouir des biens qu'ils tenaient de la nature et de leurs ancêtres, perdant ainsi leur énergie ; tandis que la vie âpre des Occidentaux leur donnait un esprit guerrier, dont leur histoire porte des traces continuelles. Ceux-ci ignorèrent longtemps les sources d'où leur venaient les objets les plus précieux, jusqu'à ce que les Grecs, entraînés par un jeune guerrier, firent militairement le premier voyage de découverte et virent de leurs yeux les lieux d'où venaient les biens qu'ils payaient le plus cher. On connaît trop l'expédition d'Alexandre, pour qu'il soit utile d'en parler : il a suffi d'en marquer la trace sur la carte de Ptolémée. Ce prince extraordinaire et qui mérita peu son nom, signifiant protecteur des hommes, reconnut la puissance du commerce à la résistance de Tyr, et il fonda de grandes villes pour en faire des centres : de 334 à 323 avant Jésus-Christ, il poussa jusqu'à Samarcande, devenu plus tard capitale de Tamerlan, traversa le Penjaub et les cinq fleuves et fut étonné de la richesse de ces pays, que les récits de ses lieutenants firent connaître dans l'Occident. Les merveilles du Gange l'attirèrent ; mais ses soldats refusèrent d'avancer davantage et il éleva douze autels gigantesques à l'extrémité orientale de sa route. Sur l'Hydaspe, il fit construire une flotte de 2,000 navires, qui mit neuf mois à descendre jusqu'à l'Océan et à longer la côte, sous les ordres de Néarque pour atteindre l'Euphrate. Son lieutenant Séleucus envoya Mégasthène jusqu'au Gange et il séjourna vers Allahabad, mais on n'a pas de détails sur son voyage. Ptolémée, fils de Lagus, établit sur l'île Pharos le premier fanal, qui guida les navires vers Alexandrie. Il conçut le projet d'un canal du Nil à la mer Rouge, qui ne fut pas exécuté ; mais il fonda la ville de Bérénice presque sous le tropique, d'où les marchandises étaient portées à travers les déserts de la Thébaïde sur une longueur de 460 kilomètres pour arriver à Copte, ville jointe au Nil par un canal de neuf kilomètres. De Bérénice, les navires côtoyaient l'Afrique et l'Arabie, pour aboutir aux bouches de l'Indus comme la trace violette le marque. Telle fut la route du trafic pendant 250 ans, c'est-à-dire tant que l'Égypte conserva son indépendance et le monopole de ce riche commerce, dû aux soins donnés à sa flotte.

Vers le nord, la Perse participa au commerce oriental, mais en utilisant peu sa position intermédiaire, en ce qu'elle n'eut jamais de marine et barra même l'entrée de ses rivières. Elle eut des caravanes entre les bords de l'Indus et ceux de l'Oxus, pour conduire les marchandises à la mer Caspienne, d'où elles arrivaient aux pays grecs par la mer Noire.

Vers ces époques l'Occident voyait s'élever l'organisation sociale la plus guerrière et la plus envahissante, celle de Rome, qui, après avoir conquis l'Italie et dé-

truit Carthage, étendit rapidement son joug et soumit
le monde qu'elle connaissait à son empire. Bientôt, enrichis par les déprédations de leurs ancêtres et leur
exploitation des peuples, les Romains prodiguèrent les
richesses du monde dans le luxe, et les brillants produits de l'Asie devinrent plus recherchés que jamais.
La route adoptée alors passait par la Mésopotamie, en
profitant d'une oasis couverte de palmiers et abondamment pourvue d'eau, sur laquelle s'éleva Palmyre, dont
les ruines surprennent autant par l'extrême élégance de
leur architecture, que par leur étendue et qui attestent
les immenses profits du trafic des denrées précieuses.
En partant de la côte de Syrie, on traversait 330 kilomètres dans les déserts jusqu'à cette oasis, puis 95 kil.
jusqu'à l'Euphrate conduisant au golfe Persique. Après sa
conquête sous Auguste, Palmyre fut ruinée et longtemps
oubliée, elle ne présente plus qu'un groupe d'habitations misérables. C'est sans doute vers la même époque
qu'une route méridionale fit élever dans les déserts des
cités inconnues et dont les ruines attestent aussi la
grandeur de cet ancien transit.

Environ 50 ans après Jésus-Christ, Hyppale, capitaine
d'un navire faisant le commerce de l'Inde, reconnut la
régularité des moussons, et osa s'avancer directement
à travers le golfe des Indes, au lieu de suivre péniblement la côte. A cette époque la cargaison s'embarquait
à Juliopolis près d'Alexandrie, elle remontait sur le
Nil, 308 milles en 12 jours jusqu'à Copte, parcourait
258 milles à dos de chameau en 12 jours de marche
pendant la nuit et arrivait à Bérénice. De là, elle était
embarquée, et les navires mettaient 30 jours à descendre
la mer Rouge, puis ils atteignaient Musiris, que l'on
croit être Goa ou Tellitchery, en 40 jours. Total 78 jours,
dont 24 à dos de chameau. Pour le retour, les navires

partaient en décembre avec la mousson du Nord-Est et se trouvaient de retour en moins d'un an.

Les produits de l'Inde étaient comme aujourd'hui : les épices, surtout le poivre, les aromates brûlés à profusion avec les morts, les pierres précieuses décrites avec détail par Pline, les perles : celles données par César à Servilie coûtaient 1,212,000 francs, les boucles d'oreille de Cléopâtre avait coûté 4,000,000 de francs. Venait ensuite la soie, qui coûta longtemps son poids d'or ; les hommes n'en portèrent qu'après Héliogabale ; son origine était inconnue. L'Europe envoyait quelques pierres précieuses, des aromates inconnus dans l'Inde, du corail, du verre et du vin. Le coton fut peu recherché des Romains, auxquels l'usage des bains faisait préférer la laine. Les Romains ne dépassèrent pas la côte de Malabar, ils y recevaient les produits du Gange et de la Chersonèse d'or, ou presqu'île de Malacca, qu'ils n'atteignirent eux-mêmes jamais.

Pendant 138 ans, entre Strabon et Ptolémée, le commerce de l'Inde augmenta beaucoup, mais sans changer de route et sans connaître moins mal l'Asie. Cependant la route par le Nord, ne fut pas abandonnée et d'après les historiens chinois, Marc—Antoine aurait envoyé des ambassadeurs en Chine en 166, et Ptolémée donne les latitudes exactes de quelques villes de Chine. Sous les Romains, on s'occupa beaucoup de la fameuse île Taprobane, qu'on croit être Ceylan, ou peut-être Sumatra. Sous Justinien, en 550, un marchand égyptien nommé Cosmas fit plusieurs voyages en Chine et y trouva des églises grecques desservies par des prêtres de Séleucie. Mais deux moines y pénétrèrent et vinrent expliquer à l'Empereur l'origine alors merveilleuse de la soie, ils y retournèrent et, vers 550, rapportèrent des œufs dans des cannes. Bientôt, on éleva un grand nombre de ces insectes dans la Grèce et les relations avec l'Orient furent très-modifiées.

Au commencement du vi° siècle, Mahomet fonda une nouvelle religion et ses sectaires devenus conquérants débordèrent de l'Arabie et changèrent le cours du commerce. Ils suivirent la voie du Golfe Persique, et Omar fonda Bassora. Leurs navires profitèrent de l'astronomie indienne et suivirent les côtes jusqu'à Canton, où il s'établirent en grand nombre et firent connaître le thé, ainsi que la porcelaine à l'Europe. Ils étendirent leur croyance à Sumatra et dans tout le grand archipel, où elle est encore en majorité. D'un autre côté les marchandises passant par la Perse mettaient 80 ou 100 jours jusqu'à l'Oxus ; elles avaient une navigation dangereuse sur la mer Caspienne et après cinq jours par terre, elles arrivait au Phase, qui les conduisait à la mer Noire, d'où elles atteignaient Constantinople. Les guerres des Croisades tarirent ces sources de richesse ; mais les conquêtes des chrétiens de 1096 à 1270 enrichirent Venise et Gênes, qui fournirent des navires et s'emparèrent des ports importants. Les Génois exploitèrent la route du Nord et les Vénitiens celle du Sud, à cause des sécurités trouvées en Égypte, dominée alors par les Mamelucks. Les Mahométans ne laissèrent pénétrer aucun chrétien dans l'Inde et conservèrent ainsi le monopole du transit. Mais au commencement du xiii° siècle un noble Vénitien, nommé Marco Paolo, accompagna son père et son oncle à la cour du Khan des Mongols, près duquel il resta 17 ans. Il visita la Tartarie, la Cochinchine, la Chine, il eut connaissance du Japon ; il traversa toute l'Asie, puis revint à Trébizonde par les îles de la Sonde, l'Océan Indien et la Perse. Ses récits exagérés furent taxés de fables ; mais les connaissances actuelles en ont confirmé les faits importants. Il n'en étonna pas moins l'Europe, qui aperçut plus distinctement l'horizon brillant de l'extrême Orient. Mais vers 1460, Mahomet II chassa les Génois de Constantinople, de Caffa et de la Crimée. Gênes fut ruinée puis soumise aux ducs de Milan et à la France, tandis que Venise reçut tous les plus riches produits par échange, plutôt que par payement. Mais sans jamais aller les chercher au delà de la Méditerranée, comme les Tyriens, les Égyptiens ou les Romains, et par le fait les Arabes furent ses intermédiaires. Venise vendait les objets pour de l'or et de l'argent, surtout aux villes anséatiques et des fortunes immenses s'élevèrent à Anvers, à Bruges, à Augsbourg où les arts prospérèrent comme en Italie. Au XIVe siècle, les Florentins manquant de port se livrèrent à la fabrication et devinrent célèbres; ils établirent des banques; leurs profits furent immenses, l'intérêt était alors 10, 12 et même 20 pour 100. La prise de Pise leur donna accès sur la mer et leurs navires allèrent à Alexandrie. Cosme de Médicis devint le plus riche marchand de l'Europe et par son goût exquis pour les arts, il dirigea l'époque qui porte son nom. La sécurité et la richesse faisaient alors tout renaître, et comme ceux qui protégent les arts, ou achètent leurs produits, se trouvent par le fait les diriger, il en résulte qu'on a eu raison de dire les siècles de Périclès, d'Auguste, des Médicis, de François Ier, de Louis XIV. Au XVe siècle, Venise sans rivale acquit des richesses immenses. Ses flottes dominèrent la Méditerranée; son luxe et son élégance furent au comble et elle contribua pour sa part à faire éclore cette renaissance, qui nous a laissé des traces si belles et si originales du bon goût de ces enrichis restés pour modèles en leur genre. Ils se croyaient sûrs de jouir en paix de leur gloire, lorsque deux grands événements vinrent changer leur sort.

En 1480, Christophe Colomb, comprenant Gallilée, voulut aller chercher les terres si riches de Marco Paolo; repoussé de Gênes et du Portugal, il trouva Ferdinand et Isabelle, dont il obtint trois navires. Il partit de Palos le 3 août 1492 et dans la nuit du 8 octobre, il découvrit l'île San-Salvador. Il retourna étendre ses conquêtes, reconnut le continent d'Amérique et, victime de l'injustice, il vit donner un autre nom que le sien à sa découverte. Mais ce n'était pas l'Inde qu'il avait trouvée et s'il procura de grandes richesses à l'Espagne, ce ne fut qu'à la suite de massacres et de spoliation de l'or, mais non par le commerce, que l'abondance soudaine de ce métal fit éclore en Europe. D'un autre côté les Portugais s'étaient avancés vers cette zone torride, jugée inhabitable. Ils avaient trouvé des pays fertiles et vu disparaître leur étoile polaire, en découvrant d'autres constellations. Ils s'enhardirent, et en 1486 Barthélemy Diaz atteignit le cap des Tempêtes, que Jean II voulut nommer de Bonne-Espérance. En 1497 Vasco de Gama fut expédié et parvint au bout de dix mois à cette Chersonèse d'or, aussi vantée que peu connue; il mouilla le 22 mai 1498 sur la rade de Calicut et revint avec une riche cargaison. Ses résultats étonnèrent beaucoup plus que ceux de Colomb et les Vénitiens y virent leur perte. En 1502 Gama repartit avec 19 vaisseaux, fonda des établissements à Mozambique, à Soffala et les Portugais, investis de la possession de l'Inde par le pape Alexandre Borgia, comme les Espagnols de celle du Nouveau Monde, s'emparèrent de Malacca, fondèrent Diu, Goa, Macao et établirent des comptoirs sur 4,000 lieux de côte. Sous Albuquerque, ils vainquirent les Arabes ruinés comme les

Vénitiens, fermèrent les anciens passages par l'Euphrate, et Ormus devint le grand marché de l'Orient. Ils ne purent cependant enlever entièrement le passage par la mer Rouge aux Vénitiens, qui fournirent du bois au Soudan pour construire une flottille. Mais la nouvelle route était trop avantageuse pour ne pas être préférée, elle fit abandonner toutes les autres. Le Portugal fut enrichi, mais ne fit rien pour les arts ; Gênes et même Venise furent ruinées, mais restèrent des modèles. Cependant, il y eut un reste de commerce par le Levant, parce que la religion de Mahomet, répandue avec une rapidité surprenante, enjoignait à chaque fidèle de visiter la Caaba et que le commerce se mêlant aux idées religieuses fit de la Mecque la plus grande foire du monde. On y apportait les mousselines, les indiennes, les châles, les diamants de Golconde, les perles de Kilkare et les épices des Molluques. Toutefois la découverte du cap fit baisser le prix de toutes ces denrées au tiers de leur ancienne valeur, et il n'en est que plus étonnant qu'on ait laissé longtemps les Portugais tranquilles possesseurs de cette route ouverte à tous. Ils s'établirent à Java et aux Molluques en 1511, et à la fin du XVIe siècle les Jésuites portugais s'introduisirent au Japon, mais furent ensuite déportés à Macao. Enfin vers la moitié du XVIIe siècle ces premiers conquérants furent chassés de presque toutes leurs colonies par les habiles marchands d'Amsterdam, et ils ne figurèrent plus sur la scène orientale, qui à la suite des Hollandais vit apparaître un instant les Français, pour ne plus montrer maintenant que la puissance anglaise. En résumé la découverte presque simultanée du Nouveau Monde et celle de la route de l'Orient ont produit des effets différents. Les Portugais ont trouvé des peuples plus civilisés que ceux de l'Europe, sauf pour la guerre; ils n'ont eu qu'à se faire commerçants à la place des Vénitiens, pour exploiter une industrie alors supérieure à la nôtre ; mais ils ont été bientôt remplacés par des nations plus actives. Les Espagnols n'ont trouvé d'abord qu'un peu d'or à piller, puis les mines de Potosi à exploiter. Après avoir dévasté l'Amérique, ils vinrent chercher des bras en Afrique pour parvenir à produire des denrées utiles, mais leurs possessions se sont affranchies et leur argent a passé dans d'autres mains. Ces deux découvertes ont aidé à l'affranchissement des populations européennes, en donnant un essor à l'activité individuelle et en ouvrant des carrières, qui menaient à la fortune autrement que par l'hérédité.

Depuis les premiers voyages rendus si dangereux par l'ignorance, la boussole, découverte au XIIᵉ siècle et dont l'aiguille flottait jadis sur une planchette, devint un guide encore plus sûr, lorsque Flavio Gioja la suspendit sur un pivot au XIVᵉ siècle. Christophe Colomb fut étonné en découvrant sa variation, lors de son premier voyage en 1492. Mais les instruments astronomiques restèrent très-imparfaits sur mer, où l'on n'eut longtemps que l'astrolabe, sorte d'anneau gradué tenu suspendu pendant qu'on visait le soleil par une pinnule ; l'arbalète donna des résultats moins inexacts. En 1731 parurent les instruments à réflexion, tels que : l'octant, le sextant et plus tard le cercle de Borda ; puis les montres marines, dont l'idée remonte à 1520 et qui devinrent assez parfaites vers la fin du siècle dernier, pour déterminer exactement les longitudes. D'un autre côté, les constructions navales se sont perfectionnées ; les mâtures et les gréements ont été améliorés et même avant l'emploi de la vapeur, la navigation était devenue par le fait une science qui eût été exacte, sans toutes les chances du vent et de la mer, et qui toutefois était arrivée à une sécurité, dont le taux peu élevé des assurances était une preuve. Aussi toutes les parties du globe terrestre sont fréquentées, les plus longs voyages sont les moins dangereux et la vapeur a rendu les services aussi réguliers sur mer que sur terre. Tel est le résultat remarquable obtenu par la navigation, depuis environ 350 ans, et c'est dans le but de le faire apprécier, ainsi que les avantages immenses du percement du canal, qu'on a inséré la carte du monde connu des anciens, ainsi que celle des routes modernes, par le cap de Bonne-Espérance, afin de comparer en un coup d'œil, les difficultés éprouvées par nos aïeux et les facilités modernes dues à la nouvelle voie. Cette carte fait voir le constraste des dangers et des lenteurs qui rendaient tous les produits de l'Orient si chers, que les plus riches seuls pouvaient jouir de ce qui se vend à vil prix chez l'épicier; elle fera peut-être apprécier aussi les avantages modernes de ces rapidités de transport qui, facilitées par le canal de M. de Lesseps, font prendre tranquillement son billet pour la Chine et le Japon, au lieu de faire son testament pour aller aux Antilles ou au Sénégal.

SECONDE PARTIE.

RÉSUMÉ HISTORIQUE

DU CANAL UNIVERSEL DE SUEZ.

SITUATION GÉOGRAPHIQUE DE L'ISTHME DE SUEZ.

L'aspect d'une mappemonde suffit pour faire apprécier l'importance de la position géographique de l'isthme de Suez, surtout depuis que par la navigation perfectionnée, la mer est devenue le lien des peuples les plus éloignés et qu'elle fait jouir les Européens des produits du monde et de tout ce que donne la nature ; au lieu d'être réduits, comme dans les anciens temps, à ce que produisait leur coin de terre. A cette situation toute spéciale, à laquelle aucune ne ressemble, sauf celle de Panama, l'Égypte ajoute la salubrité, et les richesses que la nature et une longue civilisation avaient accumulées dans cet Orient qui, dès qu'il fut connu aux occidentaux, se présenta aussi brillant que l'astre qui semblait en sortir. Les produits les plus précieux, les étoffes les plus belles, les fruits de la terre les plus délicieux y abondaient, alors que l'Europe avait reçu si peu de la nature et savait à peine tirer parti de ce peu. C'est ce que la carte de l'ancien monde et les notes qui lui font suite, ont tenté de faire apprécier. Aussi suffit-il de résumer ici les tentatives d'une voie maritime à travers l'isthme, afin de faciliter le commerce des énergiques occidentaux avec les heureux de l'ancien monde, qui maintenant encore contrastent par leur tranquillité, avec cette ardeur frénétique des Européens, pour connaître tout, et s'imposer partout, pour s'assurer les gains qui donnent les jouissances. Il y a aussi lieu d'observer que le transport par mer ayant toujours été le plus économique et longtemps le plus rapide, on a constamment tenté de raccourcir le parcours par terre et de canaliser le seul obstacle, c'est-à-dire l'isthme de Suez, dont il est utile de connaître la nature, pour appprécier les travaux des hommes à différentes époques et enfin les résultats obtenus par M. de Lesseps.

NATURE DU SOL DE L'ISTHME.

Par une de ces bizarreries de forme, que présente l'aspect de notre monde, les plus grandes terres sont pour ainsi dire unies par un fil, et celui entre l'Asie et l'Afrique est bien faible, puisqu'il ne consiste qu'en un banc de sable de 115 kilomètres et demi de large. C'est cependant ce fil qui a longtemps forcé de cheminer péniblement dans les déserts, ou d'allonger le parcours maritime de plus du quart du tour de la terre. L'isthme ressemble à un détroit comblé, ou bien au fond de la mer sorti par une convulsion terrestre; peut-être est-il dû à l'extension de bancs formés autour de quelques rochers,? Toujours est-il que, si l'histoire ne dit mot sur son origine, elle nous apprend qu'il a subi de grandes modifications, puisque, d'après les récits de l'antiquité, sa largeur n'aurait été que de 50 kilomètres et que Hérodote lui donne 90 à 95 kilomètres. A son époque (450 ans av. J.-C.), les lacs amers actuels formaient le fond de la mer Rouge, sous le nom de golfe Héroopolite. Maintenant encore les sables, poussés par des vents de Nord presque constants, montrent qu'ils ont rétréci le passage par lequel la marée de la mer Rouge amenait deux fois par jour de l'eau, dont l'évaporation a produit une couche, qui atteint jusqu'à 18 mètres d'épaisseur et montre les superpositions du sel, du sable apporté par le vent et du limon déposé par le Nil lors de ses crues. Enfin le sable a opéré la séparation actuelle, mais il a mis tant de siècles à s'avancer ainsi vers le Sud, qu'il y a moins à s'en inquiéter, que de beaucoup de modifications de nos cours d'eau et de nos côtes.

CHANGEMENTS DU COURS DU NIL.

Tout le monde sait que le Nil, dont la source est encore inconnue, inonde chaque année l'Égypte, en y déposant un limon qui fertilise le sable ; ses eaux en contiennent 8 litres sur 1,000, pendant l'inondation et 4 litres de matière solide sur 1,000 pendant l'étiage ; la meilleure hauteur de ses crues est 8 mètres, elle détermine le degré de fertilité de l'année. Jadis il s'écoulait, surtout vers l'Orient, et fertilisait le lac Menzaleh actuel, sur lequel s'élevaient des villes, dont l'une, Tennis, laisse voir au loin ses ruines, quand on passe le canal. Péluse, située plus à l'est, était une cité florissante et la tête de la défense de l'Égypte, contre les invasions de l'Asie. Mais tout l'isthme est devenu désert, lorsqu'une nouvelle route a été découverte par le cap de Bonne-Espérance : l'homme a cessé de lutter contre la nature et les eaux ont envahi les anciennes cultures. Il reverdira sans doute encore, maintenant qu'au lieu de ne servir qu'au transit des seuls Égyptiens, il est traversé par le détroit, qui unit les pays les plus peuplés.

ANCIENNETÉ DE L'ÉGYPTE.

Pour compléter, il y a lieu de dire que l'Égypte est considérée comme le berceau de la civilisation, du moins vers l'Occident. L'homme y a trouvé des moyens de vivre assez faciles, pour avoir le temps d'améliorer son existence, au lieu de suffire à peine à sa subsistance. Il s'y est organisé en société, il y a eu des arts et il a poussé celui de l'architecture à un point qui nous étonne encore. L'Égypte a la plus vieille histoire, dont une partie, due à d'anciens historiens, remonte à 5867 ans av. J.-C, et comprend 15 dynasties ; tandis que l'autre, basée sur les monuments les plus certains, présente une suite continue de 15 dynasties remontant à 2170 av. J.-C., alors que l'Europe était aussi sauvage que les peuples de l'Amérique. Les arts et les sciences étaient cultivés en Égypte, ses prêtres étaient astronomes et philosophes ; tous les peuples sont venus y apprendre les sciences et la morale. Moïse s'était instruit dans les temples égyptiens avant d'être le législateur de son peuple, et en partie le nôtre. A certaines époques, les Égyptiens ont été conquérants et commerçants, surtout lorsque l'Europe, sortie de la sauvagerie, a

commencé à connaître les produits de l'Orient et a
trouvé de quoi les payer.

PREMIERS CANAUX DE L'ISTHME.

De cette époque datent les tentatives effectuées pour
faciliter la route au moyen de canaux, et il est utile
d'en donner une idée succincte. Des historiens arabes
prétendent qu'un roi de la xvie dynastie fit creuser,
vers 2173 av. J.-C., un canal de Kolzoum au Nil. En 1528
eut lieu la fuite des Hébreux, sous les ordres de Moïse
et le célèbre passage de la mer Rouge, ainsi que l'a-
néantissement de l'armée de Pharaon, expliqué de diverses manières, et causé probablement par la marée,
qui monte de près de deux mètres à Suez. On croit
aussi que Sésostris fit creuser un canal vers l'époque de
la guerre de Troie, 1209 ans av. J.-C. Le canal, dont l'existence est la plus certaine, appartient à Néchao III,
600 ans av. J.-C. Hérodote rapporte qu'il avait quatre
journées de navigation et assez de largeur pour le passage de deux trirèmes; il était rempli par l'eau du Nil,
prise à Bubastis; 200,000 hommes périrent, dit-il, en le
creusant. Diodore de Sicile dit que Nécos le fit commencer, et que Darius, roi de Perse, le continua, mais
l'interrompit dans la crainte d'inonder l'Égypte; Ptolémée l'acheva en établissant des fortes écluses formées de poutres enlevées l'une après l'autre; Strabon
le mentionne et lui donne 100 coudées de largeur. Il a
dû être achevé vers 520 ans av. J.-C., et il exista sous
les rois de Perse. Sous Ptolémée II, 330 ans av. J.-C., il
en est encore question, mais toujours comme d'une
dérivation du Nil. Trajan le fit creuser et l'amena jusqu'à Babylone, vieux Caire actuel. Adrien y fit aussi

travailler, et il resta navigable sous les Antonins jusqu'au milieu du vi^e siècle. Il s'obstrua ensuite jusqu'à la conquête des Arabes; au viie siècle, Amrou, lieutenant d'Omar, le fit creuser et l'amena jusqu'au Caire, ce qui lui donna 320 kil. de parcours; il le nomma canal du Prince des fidèles. Après avoir été abandonné lorsque les califes résidèrent à Damas, il fut bouché par des ensablements, ou à dessein, sous le calife Al-Mansour, pour affamer la Mecque.

ÉTUDES DE L'EXPÉDITION FRANÇAISE EN ÉGYPTE.

Après des siècles d'oubli, les souvenirs de l'Égypte ont été réveillés, lorsque Bonaparte, pénétré de l'importance de ce point de liaison entre les deux bouts du vieux monde, obtint du Directoire d'entreprendre la campagne féerique dont il espérait des résultats auxquels les événements se sont opposés; mais le percement actuel a montré la justesse de ses idées. Ayant étudié, suivant son habitude, tout ce qui concernait le pays où il allait agir, il connut tout le passé de la question, et vers la fin de novembre 1798, il envoya 1,500 hommes prendre possession du misérable village de Suez. Le 26 décembre il y arriva, et fut le premier à découvrir les vestiges de l'ancien canal, dont il traça le cours pendant quatre lieues. Après avoir passé le fort d'Ageroud, il le retrouva plus loin, dans l'oasis d'Honoreb. Il chargea aussitôt l'ingénieur Lepère de l'examen de l'isthme et surtout de son nivellement. Celui-ci parcourut longtemps le désert, travailla sous les coups de fusil des Arabes et dans le pays du plus fort mirage; il fut souvent interrompu et eut sans doute des signaux déplacés; aussi ne fût-ce qu'avec une réserve extrême

qu'il présenta une différence de niveau de 9ᵐ,907.
Les géomètres Laplace et Fournier la nièrent devant l'Institut, disant que les mers se communiquaient et que les lois de la pesanteur voulaient qu'elles fussent de niveau. On a fait grand bruit de cette différence, on y a vu jusqu'à une impossibilité d'exécution, lorsqu'au contraire on y eût trouvé l'avantage précieux d'avoir à volonté un courant servant de chasse, et cela en se bornant à construire une écluse à sas à un point convenable. Depuis l'expédition d'Égypte, un nivellement exécuté par M. Bourdaloue a donné 0ᵐ,80, et M. Larousse a trouvé 0ᵐ,16, ce qui est insignifiant. Pour terminer, il suffit de dire que Bonaparte donna l'ordre à Lepère de rédiger un projet, qui consistait à peu près dans le tracé du canal des Ptolémées, avec quatre biefs, à cause de la différence de niveau, et une prise d'eau du Nil. Un canal direct aurait été proposé sans l'extrême difficulté d'établir un port sur le sable de la côte de Peluse.

ÉTABLISSEMENT D'UN TRANSIT PAR TERRE.

Rien ne rappela les idées vers l'isthme de Suez pendant les guerres de l'Empire et même depuis ; la route du Cap de Bonne-Espérance était admise. En 1829, un capitaine anglais comprit enfin que les lettres et les passagers mettraient moins de temps par cette voie, malgré les obstacles de la mer Rouge. Pendant sept ans, il usa sa vie et sa fortune à porter les duplicatas des lettres à dos de chameau et sur de mauvais bateaux arabes ; ces lettres, en double, arrivaient bien avant celles passées par le Cap. On s'en émut dans l'Inde ; en 1834, une enquête fut sans résultat ; on alla jusqu'à dire que les navires à vapeur ne pourraient pas naviguer dans la mer Rouge ! Mais la Compagnie orientale péninsulaire osa établir des paquebots de Suez à Bombay, et, en 1837, les voyageurs commencèrent à suivre cette voie. Bientôt un service de diligences traversa en 15 heures les 140 kil. de Suez au Caire. C'étaient des sortes de coucous à deux roues et avec trois brancards, pour avoir deux chevaux de front, afin que l'un soutînt l'autre dans sa chute. Le chemin était tracé par les ossements des animaux morts de fatigue ; on l'améliora en jetant de côté les plus grosses pierres. De petites maisons présentèrent un abri, quelques vivres et de l'eau, tandis que les chameaux portaient les bagages. C'était un immense progrès, et les lettres arrivaient presque aussi vite que maintenant. M. de Lesseps avait assisté au spectacle du courage et de l'abnégation de ce capitaine, nommé Waghorn ; il l'avait vu lutter seul contre les préjugés et la routine de ses compatriotes. Aussi est-ce lui qui a fait élever sur un piédestal le buste de Waghorn au bout de la jetée de Suez, pour conserver la mémoire de celui qu'on avait traité de fou, sans qu'il en eût été découragé, parce que lui aussi voyait devant lui une vérité, encore invisible au vulgaire. Il convient d'ajouter que la Compagnie orientale péninsulaire a voté une pension de 25,000 francs à la veuve de celui qui lui avait facilité le chemin de l'Inde, et ce fait mérite d'être mentionné.

Le premier chemin de fer d'Égypte fut celui d'Alexandrie au Caire ; en 1855, on décida de le prolonger jusqu'à Suez ; deux ans après, il était en activité, et il amenait à Suez le bienfait de l'eau du Nil, apportée dans des caisses en fer ; mais on la fît payer très-cher.

2.

PREMIÈRES IDÉES MODERNES D'UN CANAL.

Il semble qu'on aurait pu se contenter de ce nouveau chemin de fer, puisqu'il était rapide et commode ; mais s'il convenait aux passagers, il exigeait deux transbordements pour les marchandises, ce qui empêcha de s'en contenter. Aussi, en 1830, le major Chesney parla de la possibilité d'un canal entre Suez et Peluse. En 1837, un journal mentionna ce passage. En 1840, M. Linant de Bellefonds, ingénieur français, qui exécutait depuis vingt ans de grands travaux en Égypte, émit un projet basé sur la différence de niveau des mers et sur le barrage du Nil. Mais reconnaissant la difficulté de traverser la vallée du Nil, un canal direct était également proposé par cet ingénieur, en protégeant l'Égypte par des jetées et utilisant la différence de niveau, pour creuser une rigole primitive par l'action d'un courant. Méhémet-Ali examina sérieusement ce projet. En 1846, M. Enfantin, chef des Saint-Simoniens, ramena les idées vers ces études. En 1847, MM. Négrelli, Stephenson, Linant de Bellefonds et Léon Talabot se réunirent et firent exécuter un bon nivellement par MM. Linant et Bourdaloue, qui confirmèrent l'assertion de Laplace, c'est-à-dire l'égalité de niveau des deux mers.

PROJET TALABOT.

M. Talabot et ses collaborateurs proposèrent alors un canal de 100 mètres de large sur 8 mètres de profondeur, partant de Suez pour déboucher vers Alexandrie. Il devait traverser le Nil à un barrage, où l'eau n'eût été profonde que pendant l'inondation, ou bien il aurait franchi le Nil sur un pont-canal d'un kilomètre, élevé de 23 mètres au-dessus du Nil et de 40 mètres au-dessus de la mer. Aux difficultés d'exécution s'ajoutait l'obstacle de l'eau du Nil, qui dépose 0,008 pendant la crue et 0,004 pendant l'étiage; ce qui, sur les 400 kil. du canal, aurait fait 3,000,000 de mètres à extraire tous les ans, et eût exigé 25 ou 30 dragues, ainsi qu'une dépense de 200,000 francs.

PROJET DE M. BARRAULT.

Le projet de MM. Barrault frères diffère du précédent, en ce que, partant de Suez, il se dirige vers le lac Menzaleh, puis tourne à l'ouest, coupe la branche de Damiette, suit le lac Burlos, traverse la branche de Rosette et aboutit à Alexandrie après un parcours de 500 kilomètres; il devait être alimenté par les eaux du Nil, avoir 8 écluses, dont 2 pour le passage de chaque branche, qu'il eût fallu toujours creuser à ces points. Enfin, le régime de l'inondation eût été complétement modifié par le barrage produit par les berges.

CONSÉQUENCES DES PROJETS PRÉCÉDENTS.

Par cela même que les projets, dont il vient d'être question, avaient été soigneusement étudiés par des hommes d'un mérite reconnu et qu'il résultait de ces études des impossibilités du passage par le Nil, ou à travers ses embouchures, le troisième projet devait être le trajet direct. Toutefois, en pareille matière, les projets sont beaux; mais ils ont tous leur côté faible, et pour que le meilleur réussisse, il faut des circonstances qui fassent passer par-dessus les objections. Ces circonstances sont l'arrivée de l'époque à laquelle la nécessité en est publiquement reconnue, le concours d'événements favorables et la rencontre d'hommes assez haut placés et capables de s'entendre. Les premières conditions étaient à peu près à leur point, le transit avait suffisamment montré l'avantage du nouveau passage, la traversée de la mer Rouge n'effrayait plus, l'activité commerciale et surtout le perfectionnement des navires à vapeur montrait déjà, que même pour un commerce lointain, le nouveau moteur allait supplanter l'ancien. Quant à la dernière condition, elle eut heureusement le même sort que pour de grandes découvertes : Gama fut compris du roi Emmanuel; Colomb de Ferdinand et d'Isabelle, Watt de Boulton; M. de Lesseps a rencontré Mohamed-Saïd, ils se sont compris, et ils ont exécuté le grand œuvre du troisième quart de notre siècle. Il est donc intéressant de connaître les auteurs de ce travail destiné à modifier autant les relations des peuples, que la découverte du passage par le cap des Tempêtes, que Jean II nomma Cap de Bonne-Espérance; ce qui a fait dire à M. Charles Dupin que l'œuvre de M. de Lesseps méritait d'être nommée le Canal de Bonne-Espérance. D'autres l'ont appelé le Bosphore des deux Océans et, n'en déplaise à ceux qui, après lui avoir créé le plus d'obstacles, en profitent presque exclusivement maintenant, on pourrait bien lui donner le nom de canal des Français ; puisqu'il est sorti de la foi d'un Français, qu'il a trouvé pour son exécution l'argent français et que ses ingénieurs, ses grands entrepreneurs et ses conducteurs de travaux étaient Français.

MOHAMED—SAÏD ET M. DE LESSEPS.

Le nom de Méhémet-Ali est trop célèbre pour qu'il soit utile de rappeler ici en détail ce qu'il a fait pour transformer l'Égypte, et la sagesse avec laquelle il a su ne prendre à l'Europe que les organisations civiles ou militaires réellement applicables à la population de son pays. Il sut aussi faire des choix remarquables parmi les officiers et les ingénieurs, presque tous Français, qui furent ses lieutenants. Les noms du docteur Clot, de M. Jomard, du colonel Clèves ont la gloire d'être associés au sien, de même que celui de M. Cerisi, ingénieur de la marine, qui lui construisit une superbe flotte. Si dans les grandes œuvres dont il a laissé des traces, il a employé des moyens orientaux, répudiés maintenant, on peut demander comment il aurait pu faire à son époque. Une fois au pouvoir, il a été d'une modération inconnue dans les malheureux pays turcs et surtout dans l'Égypte, qu'il venait de soustraire à la tyrannie des Mamelucks. Méhémet-Ali n'a jamais oublié que Bonaparte, premier Consul, ayant demandé un homme de mérite digne d'un grand rôle en Orient, M. de Lesseps, père, désigna le bimbachi, commandant de 1,000 hommes, qui avait combattu les Français à Aboukir. Arrivé au pouvoir, Méhémet-Ali racontait à ses beys, que le père de l'élève consul qu'il leur présentait, l'avait admis à sa table, lorsqu'il était simple bimbachi, et il ajoutait qu'un couvert d'argent ayant été volé, il n'osait plus se présenter, tant la réputation de ses hommes était suspecte. Il fit élever en France son fils Mohamed-Saïd, qui trouva une famille dans celle de M. de Lesseps, lorsqu'en 1847, sous Abbas-

Pacha, successeur de Méhémet-Ali, il se crut forcé de résider à Paris. De ces deux sources sortit l'amitié, qui a tant favorisé l'exécution du canal.

Quant à M. Ferdinand de Lesseps, il est fils du comte Mathieu de Lesseps, premier représentant que la France ait eu en Égypte, de 1798 à 1801, et allié du secrétaire de Lapérouse, qui, débarqué au Kamtchatka en 1787, rapporta les documents de l'expédition à travers la Sibérie, et se trouva seul échapper au désastre de Vanikoro. Étant élève consul au Caire de 1831 à 1838, M. Ferdinand de Lesseps a eu entre les mains le grand ouvrage d'Égypte, pendant une quarantaine faite à bord du *Diogène* à Alexandrie. Il y étudia les travaux de Lepère, et depuis, ses idées furent toujours dirigées vers l'espoir de la réussite du canal. Consul à Barcelone en 1848, il y montra autant d'énergie que de prudence, au milieu des troubles; les Espagnols ne l'ont pas oublié, car le jour de l'inauguration du canal, un télégramme annonçait à Ismaïlia, qu'apprenant le passage de l'isthme, les Cortès avaient spontanément levé la séance et avaient voté à l'unanimité des actions de grâces à M. de Lesseps. En 1848, il fut ministre plénipotentiaire en Italie, puis chargé d'une mission à Rome : il se retira ensuite des affaires politiques.

PREMIER ACTE DE CONCESSION.

En 1854, Mohamed-Saïd fut le successeur d'Abbas-Pacha, et aussitôt il appela M. de Lesseps auprès de lui pour s'occuper du canal. Imbu des grandes idées de son père et initié par son éducation aux affaires de l'Europe, Mohamed-Saïd comprit la grandeur et l'importance de l'œuvre ; il demanda un mémoire, qui lui fut remis le 15 novembre 1854, à Maria, dans le désert libyque. Quinze jours après le vice-roi signait au Caire un firman de concession, dont la. noble simplicité mérite d'être reproduite.

« Notre ami Ferdinand de Lesseps ayant appelé notre attention sur les avantages qui résulteraient, pour l'Égypte, de la jonction de la mer Méditerranée et de la mer Rouge par une voie navigable pour les grands navires, et nous ayant fait connaître la possibilité de constituer une compagnie formée des capitalistes de toutes les nations ; nous avons accueilli les combinaisons qu'il nous a soumises et lui avons donné par ces présentes, pouvoir exclusif de constituer et de diriger une compagnie universelle, pour le percement de l'isthme de Suez et l'exploitation du canal entre les deux mers, avec facilité d'entreprendre ou de faire entreprendre tous travaux et constructions, à la charge par la compagnie, de donner au préalable toute indemnité en cas d'expropriation pour cause d'utilité publique, le tout dans les limites, conditions et charges déterminées par les dix articles qui suivent. » Voici la substance des dix articles du firman : M. de Lesseps constituera une compagnie dont le vice-roi lui confie la direction sous le nom de *Compagnie Universelle du canal maritime de Suez*, pour le percement et l'exploitation d'un passage propre à la grande navigation, l'appropriation ou la fondation de deux entrées suffisantes, l'une sur la Méditerranée, l'autre sur la mer Rouge et l'établissement d'un ou de deux ports. — La durée de la concession est de 99 ans, à partir du jour de l'ouverture du canal. — Les travaux seront exécutés aux frais exclusifs de la Compagnie, à laquelle tous les terrains nécessaires, n'appartenant pas à des particuliers, seront concédés à titre gratuit. — Le gouvernement égyptien recevra annuellement 15 % des bénéfices nets résultant du bilan de la société, sans préjudice des intérêts et dividendes revenant aux actions qu'il se réserve de prendre pour son compte, lors de leur émission et sans aucune garantie de sa part dans l'exécution des travaux, ni dans les opérations de la Compagnie. — Le reste des bénéfices nets sera réparti ainsi qu'il suit : 75 %° au profit de la Compagnie, 10 % au profit des membres fondateurs. — Les tarifs des droits de passage du canal seront toujours égaux pour toutes les nations, aucun avantage particulier ne pouvant jamais être stipulé au profit exclusif d'aucune d'elles. — Dans le cas où la Compagnie jugerait utile de relier, par une voie navigable, le Nil au passage direct par l'isthme, et dans le cas où le canal maritime suivrait une voie indirecte, le gouvernement abandonnerait à la Compagnie les terrains du domaine public, aujourd'hui incultes, qui seraient arrosés à ses frais et par ses soins. La Compagnie jouira sans impôts de ces terrains pendant dix ans et moyennant payement de la dîme au gouvernement égyptien. — La Compagnie jouira de la faculté d'extraire des mines et carrières appartenant au domaine public et sans payer de droits, tous les matériaux nécessaires aux travaux du canal et aux constructions qui en dépendent; comme aussi de la libre entrée des machines et matériaux qu'elle fera venir de l'étranger pour l'exploitation de sa concession. — A l'expiration de la concession, le gouvernement égyptien, substitué à la Compagnie, jouira sans réserve de tous ses droits, et entrera en possession du canal des deux mers et de tous les établissements qui en dépendent. Un arrangement amiable, ou par arbitrage, déterminera l'indemnité à allouer à la Compagnie pour l'abandon de son matériel et des objets mobiliers. — Enfin, le vice-roi promettait son bon et loyal concours et celui de tous les fonctionnaires de l'Égypte, pour faciliter l'exécution et l'exploitation de l'entreprise. Il a outre-passé ses promesses.

Cet acte de deux amis, s'entendant pour l'exécution du plus grand projet de notre siècle, frappe l'esprit par la haute bienveillance, la pénétration, la netteté des vues et la ferme confiance dans le succès, qui en ont dicté les termes.

SECOND ACTE DE CONCESSION.

Pour compléter ces documents historiques, il convient d'ajouter ici le nouvel acte de concession, dressé à la suite de l'étude des localités par la Commission internationale et qui est daté du 5 janvier 1856, alors qu'il n'y avait plus de doutes réels : Nous, Mohamed-Saïd, vice-roi d'Égypte, vu notre acte de concession du 30 novembre 1854, par lequel nous avons donné à notre ami, Ferdinand de Lesseps, pouvoir exclusif à l'effet de constituer et diriger une Compagnie universelle, pour le percement de l'isthme de Suez, l'exploitation d'un passage propre à la grande navigation..... M. de Lesseps nous ayant représenté que pour constituer la Compagnie susindiquée, dans les formes et conditions adoptées par les sociétés de cette nature, il est utile de stipuler d'avance dans un acte plus détaillé, d'une part les charges, obligations et redevances auxquelles cette Société sera soumise, d'autre part les concessions, immunités et avantages auxquels elle aura droit, avons arrêté, comme suit, les conditions de la concession qui fait l'objet des présentes :

Les 23 articles du nouvel acte sont des développements du premier, les charges sont celles arrêtées par la Commission internationale, les concessions celles du premier acte, toujours sous la condition de l'égalité des droits pour tous. Les droits de navigation sont fixés *à 10 francs par tonne de capacité et à 10 francs par tête de passager*. La Compagnie est en outre autorisée à percevoir des droits sur l'eau qu'elle accorde sur les conduites qu'elle aura fait exécuter. De plus, le nouvel acte vise, en les approuvant, les 78 articles d'ordre intérieur et de dispositions financières, et il suffit de dire que la Compagnie est constituée en société anonyme, ayant son siége en Égypte et son domicile administratif à Paris. — Son capital est de 200 millions, en 400,000 actions de 500 francs. Elle est administrée par 32 membres de diverses nations, qui élisent un Conseil spécial, pour la gestion des affaires. — Pour les questions techniques, l'administration s'est adjoint une commission consultative d'ingénieurs étrangers à la gestion.

Après des dispositions aussi généreusement universelles, il ne paraissait plus y avoir à craindre que les obstacles naturels; le dénûment et les misères du désert devaient sembler les seuls ennemis; malheureusement des intérêts personnels et du moment entravèrent plus le travail que la nature.

EXPLORATION DE L'ISTHME, AVANT-PROJET.

La base fondamentale étant posée par l'acte du 30 novembre 1854, M. de Lesseps parcourut de nouveau le désert avec MM. Linant-bey et Mougel-bey, ingénieurs français, connus par de grands travaux exécutés en Égypte. Pendant le mois de décembre 1854 et jan-

vier 1855, ils se rendirent compte des avantages de la
voie directe vers Péluse, et le vice-roi invita M. de
Lesseps à remettre à ces ingénieurs les instructions
nécessaires pour dresser dans ce sens leur avant-projet.
L'aspect du plan montre les causes naturelles qui
firent adopter la direction par les lacs.

PROJET DU CANAL D'EAU DOUCE.

Pour assurer le travail, l'avant-projet prévoyait un
canal d'eau douce, servant à la fois d'alimentation, d'ir-
rigation et de navigation, destiné en outre à relier le
centre de l'isthme à la basse Égypte. Il devait partir
de Boulak, près du Caire, passer par Belbeïs et par Ras-
el-Ouady et se terminer au lac Timsah, après un parcours de 130 kilomètres. Sa largeur étant de 25 mètres,
il devait avoir un débit de 400,000 mètres cubes par jour,
garanti par des pompes pendant l'étiage, une conduite
en poterie devait s'étendre jusqu'à Péluse sur une longueur de 80 kil., tandis qu'une dérivation de 20 mètres
puis 15 m., et enfin 10 m., de large, devait aller jusqu'à
Suez. L'ensemble des dépenses de l'avant-projet était
de 160,000,000, et six années devaient suffir pour l'exécution. Le travail remarquable de MM: Linant-Bey et
Mougel-Bey fut terminé au mois de mars 1855, il fut
suivi d'un avant-métré des travaux, de notes sur les
matériaux nécessaires et sur les prix de revient. Il n'a
subi par la suite que des modifications de détail.

COMMISSION INTERNATIONALE.

Dès qu'il fut en possession de ces projets, prouvant la possibilité de l'œuvre et l'avantage du passage direct, M. de Lesseps voulut donner à l'entreprise le caractère d'universalité, à laquelle il a toujours tenu, comme base réelle de son projet et aussi pour éloigner des méfiances étrangères. Il s'occupa donc de réunir une commission européenne d'ingénieurs et de marins, qui alla étudier les lieux avec lui et rédigea le rapport remarquable sur lequel il s'appuya pour continuer son œuvre. Cette Commission était composée :

Pour la France, de MM. Renaud, ingénieur des ponts et chaussées, et Licussou, ingénieur hydrographe.

Pour l'Angleterre, de MM. Randel, Mac Clean et Ch. Mamby, ingénieurs.

Pour l'Autriche, de M. Négrelli, inspecteur général des chemins de fer, auteur des travaux les plus remarquables de Venise.

Pour l'Espagne, de M. Montésimo, directeur général des travaux publics.

Pour l'Italie, de M. Paléocapa, ministre des travaux publics.

Pour les Pays-Bas, de M. Conrad, inspecteur du Water-Staad. Élu président.

Pour la Prusse, de M. Lentzé, ingénieur en chef des travaux de la Vistule.

La marine était représentée, en France, par MM. Rigault de Genouilly, alors contre-amiral, et Jaurès, alors capitaine de vaisseau.

En Angleterre, par M. Harris, capitaine de vaisseau.

La première séance eut lieu le 30 octobre 1855, rue Richepance, n° 9, à Paris, au troisième étage, là où M. de Lesseps habite toujours. Elle arrêta son voyage en Égypte et l'étude de la baie de Péluse. C'est alors que parut dans le *Times* la première attaque du gouvernement anglais, dirigé alors par lord Palmerston; l'exécution du canal était déclarée impossible. La Commission partit pour l'Égypte et s'établit à Alexandrie le 18 novembre 1855. Le vice-roi mit tout à sa disposition et lui fit un tel accueil, que M. de Lesseps lui dit : Vous recevez ces messieurs comme des têtes couronnées. Sans doute, répliqua Mohamed-Saïd, ce sont les têtes couronnées de la science.

RAPPORT DE LA COMMISSION INTERNATIONALE.

La Commission parcourut tout le tracé du canal puis elle étudia le régime du Nil et remonta jusqu'à la première cataracte, le 2 janvier 1856 elle signait son rapport et le remettait au vice-roi. En voici la conclusion textuelle : « Le canal direct de Suez vers Péluse est donc l'unique solution du problème de

« la jonction de la mer Rouge et de la Méditerranée.
« L'exécution en est facile et le succès assuré. Les
« résultats en seront immenses pour le commerce du
« monde, notre conviction à cet égard est unanime. »
En résumé : 1° le tracé par Alexandrie est inadmissible
au point de vue technique et économique ; 2° le tracé
direct offre toute facilité pour l'exécution du canal
proprement dit avec embranchement sur le Nil et il ne
présente que des difficultés ordinaires pour la création
de deux ports ; 3° le port de Suez s'ouvrira sur une
rade sûre et vaste, accessible de tout temps, où l'on trouve
9 mètres de profondeur à 1,600 mètres du rivage ; 4° le
port de Péluse sera établi à 28 kilomètres plus à l'Ouest
que le fond du golfe, dans la région où l'on trouve
8 mètres d'eau à 2,300 mètres du rivage, où la tenue du
fond est bonne et l'appareillage facile ; 5° la dépense du
canal des deux mers et des travaux qui s'y rattachent,
ne dépassera pas les 200,000,000 de francs prévus dans
l'avant-projet pour 96,000,000 de mètres cubes de terrain à
remuer ; en y comprenant les garages et le canal d'eau
douce. Les sondage de MM. Lieusson et Larousse firent
adopter la position actuelle de Port-Saïd, les écluses de
l'avant-projet furent supprimées, on ne tint pas compte du
courant de marée à Suez, à cause de la nature argileuse des
terrains du sud, et parce que le bassin des lacs amers est
assez vaste pour compenser les effets de la marée vers le
nord. Le canal eut 8 mètres de profondeur sur tout son
parcours, ce qui, en faisant creuser 1 mètre 50 cent.
plus bas, par suite de la suppression des écluses, fit
4 millions de plus ; les jetées de Suez furent supprimées, mais on y fit un bassin de radoub ; on modifia
les jetées de Port-Saïd, telles qu'elles sont maintenant ;
Enfin Mohamed-Saïd fit élever à son compte des phares
superbes à Rosette, à Burlos, à Damiette et à Port-Saïd,
ce dernier a une merveilleuse lumière électrique de

la compagnie l'Alliance; ainsi tous les dangers ont été écartés de cette côte si basse.

Jamais projet humain n'a été entouré de plus de précautions, jamais surtout il n'y en a eu de publié avec la franchise, dont M. de Lesseps a toujours fait, à bien dire, sa base d'opération. L'exécution a été presque conforme, sauf pour quelques détails et pour la conduite d'eau douce, qui, au lieu d'être en poterie a été exécutée en fonte de fer, et le canal d'eau douce, dont les dimensions ont été portées à celles des canaux de l'Europe. Les embarras causés par la politique ont augmenté la dépense plus que les obstacles naturels.

FORMATION DE LA COMPAGNIE UNIVERSELLE
DU CANAL MARITIME DE SUEZ.

Ce fut à la suite de ces études, que la Compagnie fut constituée par l'acte cité plus haut et malgré les préoccupations de la guerre de Crimée; les gouvernements et le commerce s'émurent à l'aspect de cette grande œuvre proclamée possible et à bien dire cotée par les personnes les plus habiles. L'Académie des sciences exprima son approbation par l'organe éloquent de M. Dupin, l'Académie française adopta le percememt de l'isthme de Suez pour sujet de son grand prix de poésie, toutes les sociétés savantes analysèrent et approuvèrent ces grands projets. Mais l'intérêt fut encore plus vif dans les Chambres de commerce qui encouragèrent l'auteur par leurs nombreuses adresses. On commença aussi à chercher quelle influence exercerait cette nouvelle voie sur les navires, qui allaient parcourir des mers presque nouvelles; on supputa aussi les distances des

grands centres de commerce à l'Inde et le tableau suivant donne ces mesures rapportées à Bombay.

	PAR l'Atlantique.	PAR LE CANAL.	DIFFÉRENCE.
	LIEUES.	LIEUES.	LIEUES.
Constantinople........	6,100	1,800	4,300
Malte.................	5,840	2,062	3,778
Trieste...............	5,960	2,340	3,620
Marseille.............	5,650	2,374	3,276
Cadix.................	5,200	2,224	2,976
Lisbonne	5,350	2,500	2,850
Bordeaux	5,650	2,800	2,850
Le Havre.............	5,800	2,824	2,976
Londres..............	5,950	3,100	2,850
Liverpool............	5,900	3,050	2,850
Amsterdam...........	5,950	3,100	2,850
Saint-Petersbourg....	6,550	3,700	2,850
New-York............	6,200	3,761	2,439
Nouvelle-Orléans.....	6,450	3,724	2,726

ESTIMATION DU TRANSIT PAR LE CANAL.

Aux chiffres précédents, qui montrent l'économie de
la distance, il faut ajouter ceux relatifs à l'importance
des transactions commerciales; car il ne suffit pas de

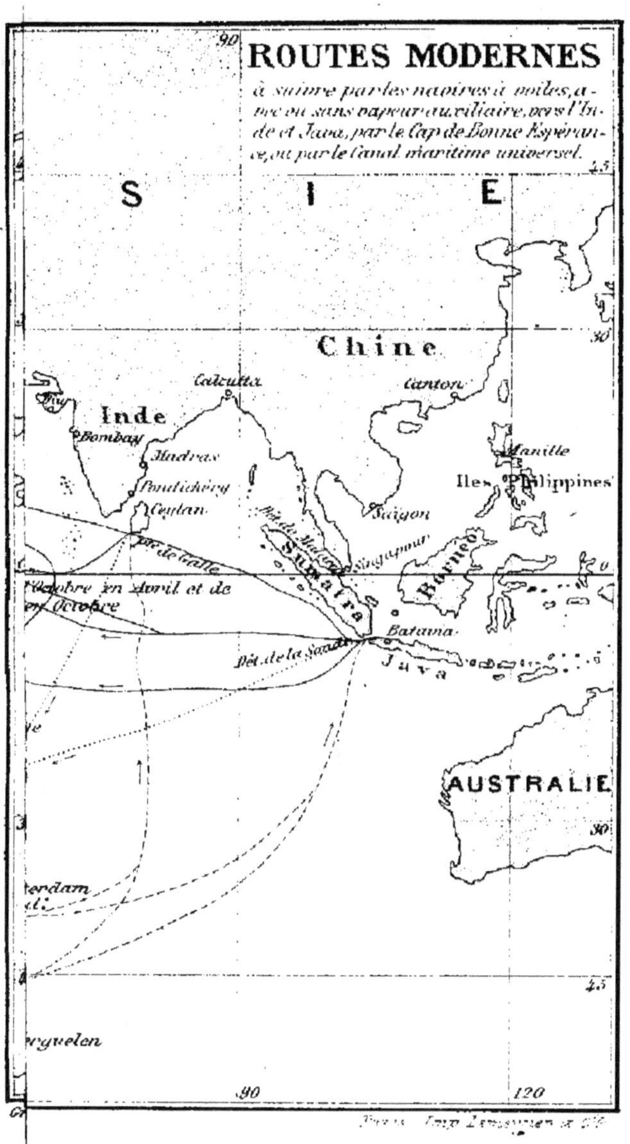

ROUTES MODERNES
à suivre par les navires à voiles, a-
vec ou sans vapeur auxiliaire, vers l'In-
de et Java, par le Cap de Bonne Espéran-
ce, ou par le Canal maritime universel.
S I E
Chine
Inde
Calcutta
Canton
Bombay
Madras
Manille
Pondichéry
Iles Philippines
Ceylan
Saïgon
Dét. de Malac
Sumatra
Singapour
Borneo
Pte de Galle
Batavia
Octobre en Avril et de
en Octobre
Dét. de la Sonde
Java
AUSTRALIE
terdam
t.:
rguelen
Gr

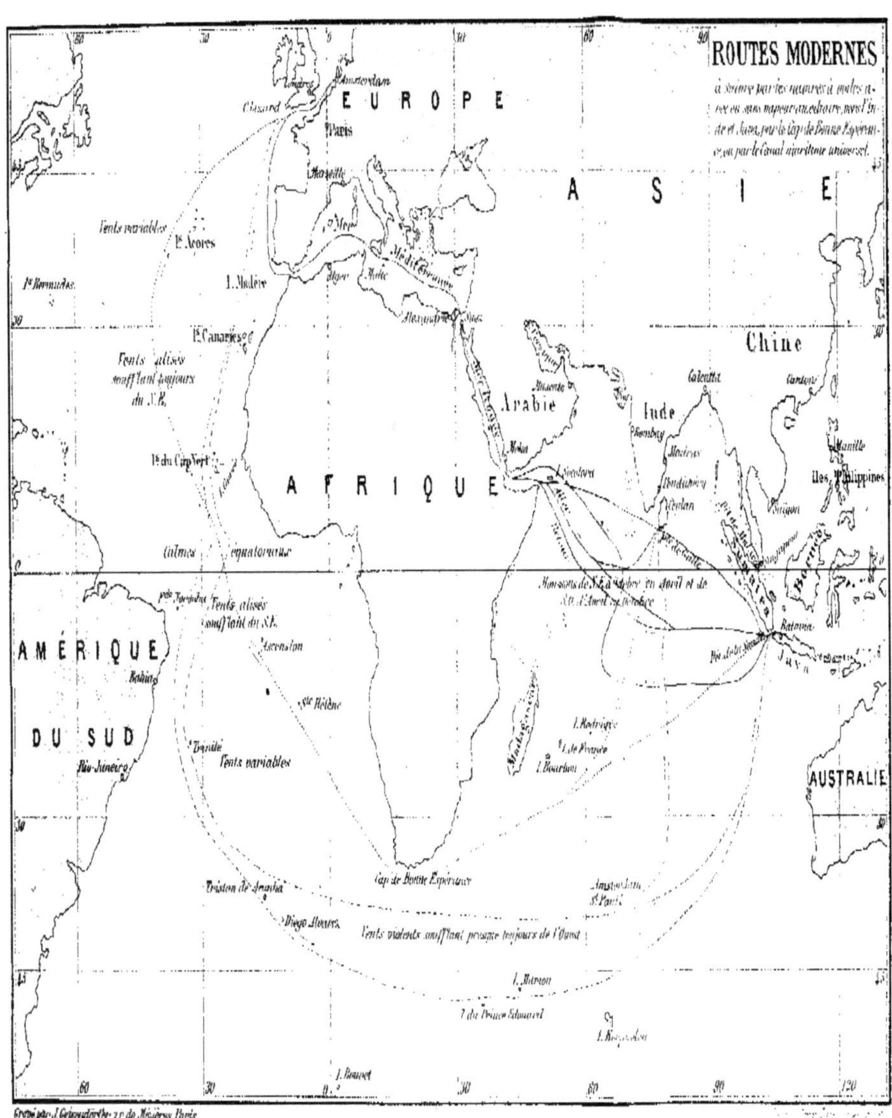

ROUTES MODERNES
à suivre par les navires à voiles a-
vec ou sans vapeur auxiliaire, pour l'In-
de et Java, par le cap de Bonne Espéran-
ce, ou par le Canal maritime universel.
EUROPE
ASIE
AFRIQUE
AMÉRIQUE DU SUD
AUSTRALIE
Chine
Arabie
Inde
Londres
Paris
Marseille
Gibraltar
Alger
Malte
Méditerranée
Alexandrie
Suez
Moka
Aden
Calcutta
Madras
Pondichéry
Ceylan
Manille
Iles Philippines
Canton
Bornéo
Java
Batavia
Détroit de la Sonde
Sumatra
Détroit de Malacca
Singapour
Is. Açores
Is. Bermudes
I. Madère
Is. Canaries
Is. du Cap Vert
Vents variables
Vents alisés soufflant toujours du N.E.
Calmes équatoriaux
Vents alisés soufflant du S.E.
Fernando de Noronha
Ascension
Ste. Hélène
Bahia
Rio-Janeiro
Trinité
Vents variables
Tristan de Acunha
Diego Alvarez
Vents violents soufflant presque toujours de l'Ouest
Cap de Bonne Espérance
Madagascar
I. Rodrigue
I. de France
I. Bourbon
Amsterdam
St. Paul
I. Marion
I. du Prince Edouard
I. Kerguelen
I. Bouvet
Moussons du N.E. à octobre en avril et de
S.O. d'Avril en octobre

créer une bonne chose, il faut encore qu'elle soit bonne à quelque chose. On a donc étudié avec soin cette question, et de tous les travaux le plus remarquable a été celui des Hollandais de 1856, dont voici un très-court résumé. L'Inde anglaise seule avait 1,000,000 de T^x d'exportation, soit 2,000,000 de va-et-vient qui augmente de $\frac{1}{10}$ par an. En 1840 l'Angleterre avait importé à Bombay et Calcutta 77,000,000 de mètres de cotonnades, en 1849, 229,000,000 de m., en 1859, 735,000,000 de m. Pour la Chine il y a eu 500,000 T^x, en 1855 et 975,000 en 1863 ; total pour l'Inde et la Chine, 4,875,000 T^x. En ajoutant les Phillipines, le Japon, l'Australie on arrive au chiffre de 600,000 T^x, et comme ce chiffre fut confirmé en 1867, il fut alors admis par M. de Lesseps, comme représentant le mouvement commercial entre les Occidentaux et les Orientaux. D'un autre côté en se basant sur le nombre et le tonnage des navires, jetant l'ancre soit en Asie soit en Europe, on arrive en 1865 à 443,132 T^x pour la France et 3,455,000 T^x pour l'Angleterre. Enfin des calculs très-détaillés de la commission hollandaise évaluent pour 1870 un mouvement de 5,800,000 T^x par l'ancien tonnage et au moins 7,250,000 T^x en réalité. D'autre part la *Revue contemporaine* arrivait au chiffre de 9,600 navires et de 7,300,000 T^x, et pour la somme des échanges à une valeur de plus de 4,000,000,000 de francs par an ; d'autres calculs portent 8,826,000 tonneaux de jauge, soit 11,032,000 T^x effectifs. Le percement n'était donc pas une folie.

Quant aux voyageurs, il y en avait 7,963 au transit en 1855 et 161,195 en 1863. Comptant le passager comme un tonneau, puisqu'il paye le même prix, on arriva ainsi à un mouvement de 11,184,500 francs. Si la moitié environ passait par le canal, cela ferait une recette annuelle de 55,000,000 de francs. Ce mouvement n'a pu se produire dès les premiers jours, parce que les mers voisines du canal conviennent peu aux navires à voiles, qui sont encore en grande majorité. Or il faut du temps, ainsi que d'énormes capitaux, pour opérer de telles transformations, puisque l'Angleterre comptait, en 1860, 25,663 navires à voiles, jaugeant 4,204,360 tonneaux et 2,000 vapeurs faisant 454,327 tonneaux ; tandis qu'en France c'était 14,608 navires jaugeant 928,200 tonneaux et 314 vapeurs de 68,025 tonneaux. Depuis lors le nombre des navires à voiles va toujours en diminuant, et la vapeur envahit le commerce, parce qu'elle profite mieux des 3,000 lieues que lui épargne le canal. Du reste, les chiffres portés au tableau situé à l'extrémité du plan de l'isthme, tiendront toujours au courant de ces changements remarquables. C'est peut-être dans cette influence du percement de l'isthme, qu'il faut chercher la cause de l'opposition du gouvernement anglais; car le navire à voiles, déprécié, menaçait son possesseur de la ruine, et tout retard apporté à cette grande œuvre laissait au vieux matériel le temps de s'user lui-même par la pourriture. Telle est du moins l'idée suggérée par ce qui s'est passé. S'il en est ainsi, on y voit la preuve d'un intérêt bien compris, mais poussant à des excès regrettables contre une œuvre, dont profitent ceux-là mêmes qui s'y opposaient le plus. On est porté aussi à dire : Heureux le peuple qui, sans nuire à son gouvernement, sait voir la lumière quand elle se présente; car il fallut peu de temps pour que la nation admirât le canal et en profitât. Toutefois, cette opposition ardente fut très-fâcheuse, car l'argent nécessaire n'était pas encore recueilli, le premier coup de pioche n'était pas donné ; mais l'horizon était ouvert aux yeux de tous.

COMMENCEMENT DE L'APOSTOLAT.

C'est alors que les deux amis commencèrent à agir
réellement : l'un en poursuivant avec sa foi l'apostolat
de son idée, l'autre en la soutenant de son crédit et de
sa force ; Mohamed-Saïd, en donnant des travailleurs et
de l'argent, puis en résistant à toutes les intrigues de
la diplomatie, M. de Lesseps. en parcourant les grandes
villes, ayant, comme il le disait gaiement, l'air d'un
commis voyageur, déployant ses plans au lieu d'étoffes,
et discutant ses chiffres avec tout le monde. Voyant l'opposition ardente du gouvernement anglais en travers de
ses opérations, et pouvant peut-être l'empêcher de trouver
des fonds d'une manière convenable, il montra son estime
pour la nation anglaise, en allant s'adresser directement
à elle. En quarante-cinq jours il eut, en 1857, vingt-
deux meetings organisés, à Liverpool, à Manchester, à
Dublin, à Cork, à Belfast, à Glascow, à Aberdeen, à
Édimbourg, à New—Castle, à Bristol, à Londres, etc. Il y
développait les plans, les devis, les calculs, les moyens
d'exécution, les avantages présents et à venir, et se
maintenait sur la sellette, répondant à toutes les questions, comme nous l'avons vu faire chaque jour à notre
belle Exposition de 1867. On lui demandait partout :
Quelle est la connexion de votre entreprise avec le
gouvernement français? Aucune, était la vérité toujours répétée. L'opinion des Anglais changea, mais non
celle de leur gouvernement ; les chambres de commerce
manifestèrent leur approbation, mais l'opposition di-
plomatique n'en devint que plus ardente. Elle parut
tout perdre, lorsqu'elle parvint à faire enlever le travail manuel des fellahs. Ce fut un changement complet

dans la marche des travaux ; mais, grâce à une activité
fébrile dans les sables, elle n'eut de résultat qu'au moment où le travail mécanique allait pouvoir commencer. Cette opposition, oubliée maintenant et heureusement pour ceux qui la firent , gêna beaucoup les opérations financières de la Compagnie; mais elle ne fit
que montrer davantage l'influence de la conviction et
de l'honneur. Cependant le premier billet de banque
n'était pas encore souscrit, le premier coup de pioche
n'était pas donné.

FORMATION SOUDAINE DU CAPITAL.

D'après les instructions de Mohamed-Saïd , ce ne fut
qu'après l'adoption d'un tracé définitif et de son devis, que
M. de Lesseps dut faire l'appel des 200,000,000 de francs
jugés nécessaires. Il s'adressa au monde par un simple
avis, déterminant les conditions de la souscription. Le
capital était divisé en 400,000 actions de 500 francs.
De toutes parts arrivèrent des demandes du titre de
correspondant de la Compagnie, et, le 5 novembre 1855,
la souscription fut couverte complétement en Europe
et surtout en France. Cette fois la voix du peuple,
représentée par son argent, fut aussi juste qu'élo-
quente; elle montra que l'instinct public avait compris
la vérité de cette entreprise lointaine, hasardeuse,
ne promettant qu'un profit éloigné et ne levant les
doutes qu'une fois terminée; enfin niée en plein Parlement anglais tant pour son exécution que pour ses
résultats financiers. Cette souscription montra claire-
ment qu'il y a de l'honneur en France ; puisqu'on
y a donné plus de 100,000,000 de francs à l'honneur de
l'homme, qui n'avait pas d'autre hypothèque à pré-

senter. Ce résultat financier a tellement honoré la nation et l'homme, qu'il mérite quelques détails, bien qu'ils ne paraissent guère à leur place dans un musée. A Paris, 7,377 preneurs souscrivent 90,124 actions; dans les départements et l'Algérie, 116,900 actions sont demandées par 13,852 souscripteurs; la France seule fait donc 21,229 souscriptions et 207,111 actions, c'est-à-dire la moitié du capital, et cela n'est représenté que par de petits souscripteurs : 1,482 n'ayant pris qu'une action; 1,471, deux; 678, quatre; 850, dix; 447, vingt; 1 seul en a pris mille. Le vice-roi d'Égypte en a pris 177,642. La souscription, ouverte le 5 novembre 1855, fut fermée avant le 30 du même mois.

A ces chiffres généraux, il est intéressant de joindre la manière dont se composait cette armée de souscripteurs : mécaniciens, 91; ponts et chaussées, 267; banquiers et agents de change, 369; médecins, 433; instituteurs et professeurs, 434; clergé, 480; avocats, avoués, notaires, 819; artisans, 928; armée et marine, 973; fonctionnaires publics et administrateurs, 1,309; employés, 2,195; commerçants et industriels, 4,763; propriétaires et rentiers, 5,782; professions diverses et inconnues, 2,137; total, 21,229. M. de Lesseps adressa aux souscripteurs une lettre pour leur annoncer le succès de l'opération et ses projets; il terminait ainsi : « La sympathie publique n'a pas été seulement acquise à cause de la grandeur de l'œuvre, dont je suis l'humble et persévérant serviteur; mais surtout parce que le public a toujours été initié à chacune des phases de l'entreprise, qu'il la suit pas à pas, qu'elle n'est point un mystère pour lui. L'œuvre du canal de Suez continuera à puiser sa force dans la publicité de tous ses actes. »

OPPOSITION A L'ŒUVRE DU CANAL.

Alors commença pour M. de Lesseps une ère d'activité extraordinaire, parcourant les villes pour convertir les incrédules, démasquer les malfaisants, allant en Égypte, dans le désert, réchauffer de son ardeur les travailleurs découragés par l'ennui, les misères et les inquiétudes ; l'aspect de sa foi dans la grande œuvre commune leur rendait leur ardeur ; ils s'en souviennent encore. Il avait à parer à toutes les difficultés du pays et de l'opposition, à celles des finances et de la diplomatie. Il venait s'entendre avec Mohamed-Saïd, qu'un sort cruel lui enleva, mais dont le fils, Ismaïl, se montra digne héritier de son nom et de son mérite. Sa connaissance du pays et de la langue arabe lui fut aussi utile que celle des idiomes de l'Europe, car il fallait posséder le don des langues pour arriver à l'accomplissement de cette œuvre de persuasion, qui éprouvait tant d'obstacles des hommes et de la nature. Le premier coup de pioche ranima l'opposition déjà éveillée par le succès de la souscription ; des journaux anglais déclamèrent contre le canal, signalèrent la barbarie de faire travailler tant d'hommes dans le désert, bien que ce fût un travail analogue à celui du chemin de fer de Suez ; d'autres virent l'entreprise s'engloutir dans une boue liquide. Un célèbre ingénieur, qui connaissait les lieux, déclara au Parlement que le canal ne serait jamais qu'une mare infecte. Mohamed-Saïd put se croire menacé ; heureusement l'opinion publique soutint M. de Lesseps, même en Angleterre, où il était venu dire qu'il arrivait pour ouvrir la terre et donner la paix aux nations : *Aperire terram et dare pacem gentibus.* Les hommes éminents l'approuvèrent, les chambres de commerce l'écoutèrent, et on put voir que l'opposition était un fait isolé, indépendant de la nation. Cependant le vice-roi fut forcé d'en appeler au sultan et de faire une circulaire pour faire cesser les travaux. A Port-Saïd, M. Laroche, établi avec quelques travailleurs, ne s'y maintint que par sa résistance personnelle. La fin de la guerre pour l'Italie permit à l'Empereur de recevoir les réclamations des chambres de commerce; des hommes d'État élevèrent leur opinion en Angleterre, et montrèrent qu'on faisait jouer à leur nation un rôle peu digne d'elle. Les chambres de commerce d'Allemagne, d'Autriche, d'Italie, d'Espagne et de Grèce protestèrent de l'utilité de l'œuvre. De son côté, M. de Lesseps résistait en montrant les résultats à mesure qu'on les arrachait au désert; les assemblées d'actionnaires étaient rassurées par sa franchise et par sa foi. Aussi, malgré tant de causes contraires, il n'y eut jamais de ces paniques, si funestes aux affaires comme aux armées.

TEMPS D'ARRÊT DES TRAVAUX.

L'opposition dont il vient d'être question ne fut cependant pas sans résultats nuisibles, en ce qu'elle jeta le doute dans les esprits et produisit des obstacles aux travaux. Au mois de juin 1859, le sultan fut sollicité de ne pas confirmer l'acte de concession de 1854; le 9 juin, le ministre des affaires étrangères en Égypte publia une circulaire exprimant la résolution d'interdire les travaux; des autorités locales voulurent intercepter les communications entre Damiette et Port-Saïd, où l'on se crut menacé de mourir de soif; une flotte anglaise apparut devant Alexandrie, et l'arrivée du sultan fut annoncée. Un consul engagea M. Laroche à quitter l'entreprise; la question des corvées devint un théme philanthropique. Enfin, tout semblait compromis, juste au moment où la réussite brillait aux yeux de tous ; qu'on juge de la position des travailleurs, dispersés dans le désert! Mais, fidèle à ses promesses, le vice-roi continua tant qu'il le put à fournir des travailleurs, et l'activité devint fébrile. Chacun sentait qu'il fallait profiter de la bonne volonté et de l'entrain des fellahs, encore libres de travailler, pour exécuter au plus tôt ce qui ne pouvait être fait qu'à bras. L'eau douce était arrivée partout; elle abreuvait abondamment les ouvriers et même elle leur apportait du matériel et du charbon; tandis que l'île, portée sur des piquets et un bout de jetée, permettait déjà d'utiliser Port-Saïd et la première rigole, fruit de tant de peines. Les seuils d'El-Guirs et de Toussoum virent tous les efforts se concentrer sur leurs dunes de sable, hautes de 15 à 20 mètres, pour amener la rigole au-dessous du niveau des mers, afin de permettre aux machines d'enlever le sable à leur tour. L'énergie générale et l'organisation du travail furent telles, qu'on peut dire que les obstacles étaient arrivés trop tard, et que les fellahs pouvaient s'en aller; ils n'eurent plus de salaires ni de vivres fournis.

ABOLITION DE LA CORVÉE.

Dès les premiers mois de 1864, le khédive Ismaïl fit pressentir qu'il ne pourrait continuer à fournir des travailleurs. Il avait promis d'abolir la corvée lors de son arrivée au pouvoir. Ce résultat provenait de ce qu'on avait considéré la corvée au même point de vue qu'en Europe, et sans tenir compte de la différence des pays. Pour nous, la corvée est un travail imposé à une classe de la population par la force, sans rémunération, et autrement que pour parer à un danger public; ces trois conditions sont essentielles, et elles existaient toutes les trois au moyen âge; mais dès que l'une d'elles manque, il y a travail rémunéré ou nécessaire, mais non corvée. En Égypte, la corvée a toujours existé par la troisième raison; car si le pays est fertilisé par le fleuve, qui monte de 8 mètres à 10 mètres en quelques jours, ce n'est que par des travaux considérables et souvent aussi urgents qu'imprévus, que le salut des villages, devenus des îles, est assuré. Il y a tous les ans un danger public. Le numéraire étant rare en Égypte et la population ne possédant pas la terre, le travail manuel joue le même rôle que nos centimes additionnels pour nos chemins vicinaux. S'il faut admettre qu'en Égypte il y a urgence, il y a lieu aussi de signaler que sous le régime des Mamelucks et des Turcs, la corvée produisait d'affreux abus, mais ils avaient disparu depuis Mohamed-Saïd. Et puis la corvée était-elle différente pour le canal de ce qu'elle avait été pour le chemin de fer du transit?

Pour la Compagnie la corvée se trouvait modifiée, en ce que l'absence de salaire ne subsistait plus; les travailleurs étaient fournis par l'autorité, comme s'il s'était agi d'utilité locale; mais pour celle-ci, ils n'auraient pas reçu de salaire, tandis qu'ils ont été payés chaque mois à un taux élevé pour le pays. La Compagnie les a nourris mieux qu'ils ne le sont d'habitude, les a soignés dans ses hôpitaux, ce qui les étonnait beaucoup. Elle a pris des précautions pour éviter les travaux exagérés et a tout fait surveiller par les agents du khédive. Il n'y avait jamais eu de travail moins dur pour le

3.

fellah, et la preuve s'en est montrée dans sa persistance à rester sur les lieux ; les désertions ont été très-rares, bien qu'il n'y eût aucun moyen de les empêcher ; la différence de langage était un obstacle et tout se faisait par les cheicks du village. Le peu de mortalité des travailleurs, malgré une apparition du choléra, fut une preuve évidente que les fellahs ont été traités d'après les idées de notre siècle et avec la pratique française. Jamais la solde ni les vivres n'ont eu de retard, malgré d'énormes difficultés impossibles à comprendre au milieu de notre abondance. Les agents, presque tous français, ont eu de l'entrain, mais pas de dureté, et chacun d'eux, isolé au milieu de 200 ou 300 fellahs, avait ses raisons d'être modéré. Ismaïl-Bey rendait la justice en présence des cheicks, arrivés avec leur contingent.

RÉSULTATS DE LA SUPPRESSION DES TRAVAILLEURS.

La résiliation imprévue de l'une des clauses principales de ses statuts devait avoir, pour la Compagnie, des conséquences désastreuses. Elle éprouvait un temps d'arrêt et se trouvait réduite à chercher partout des travailleurs, pour les amener à ses frais et au prix d'un salaire très-élevé dans un pays inconnu et où l'Européen trouve l'existence très-misérable, quels que soient les sacrifices faits pour l'améliorer. On allait arriver à une tour de Babel ; au milieu de toutes les langues, de tous les usages, il allait être impossible d'établir de l'ordre et on en avait déjà l'expérience, malgré le peu d'étrangers employés. Il en résultait pour la Compagnie des chances de ruine, ou au moins un tort immense et très-difficile à déterminer.

ARBITRAGE DE L'EMPEREUR NAPOLÉON.

Par une inspiration pleine de tact et d'une exquise loyauté, le vice-roi Ismaïl s'en remit à l'arbitrage de l'empereur Napoléon et approuva la somme de 30 millions stipulée pour l'indemnité en question. En outre, il parut opportun de profiter de l'arbitrage tout personnel de l'empereur, pour régler plusieurs points importants, que l'expérience portait à modifier par suite des conditions exceptionnelles du travail. On adopta donc deux rétrocessions : celle du canal d'eau douce, exécuté par la Compagnie, et la plus grande partie des terrains avoisinants, lesquels étaient cédés pour 99 ans. En fait le canal d'eau douce avait été nécessaire pour les travailleurs et les transports ; mais il devenait inutile à la Compagnie du jour où les travaux étaient finis ; il suffisait donc de lui en garantir le libre usage. L'indemnité fut fixée à 10 millions pour la reprise du canal et 6 millions pour compenser les droits de navigation dont la Compagnie allait se trouver privée. Quant aux terrains, qui n'étaient jadis que du sable, mais que M. Guichard avait transformés en une petite Beauce, et qui ne demandaient qu'à étendre leur verdure dans l'Ouadée, ils avaient acquis une grande valeur et ils furent rétrocédés pour 38 millions, ce qui était peu pour le présent et rien pour l'avenir. Mais au moins le fantôme d'une colonisation française était écarté. Cette valeur acquise en si peu de temps, montrait que tout en ouvrant une voie navigable, M. de Lesseps apportait la vie dans le désert et changeait son sable en or. Que de résultats plus importants l'avenir verra surgir, en rendant sa fertilité à la partie orientale de l'Égypte, que de limon perdu on pourrait déjà y amener! Puisse-t-il voir la verdure dans ce désert, où il est venu si souvent ranimer ses compagnons!

CHANGEMENT DE NATURE DES TRAVAUX.

Les bras de l'homme manquant, on eut recours aux machines, et le temps de leur donner la préférence était venu. On était arrivé au terme des travaux que leur nature fait comparer à ceux des temps héroïques, alors que l'énergie de l'homme était tout pour travailler comme pour diriger; alors qu'on n'avait que du sable ou de la boue autour de soi, un bernoux pour habitation, pas d'outils, une subsistance bien inférieure à celle du marin à la mer. Alors rien n'aurait pu être fait sans ces fellahs et ces saïs des lacs, si travailleurs malgré leur peu de nourriture. Honneur aux Français qui ont su mener une vie presque sauvage pour une question controversée, niée même; à ceux qui ont surmonté tant d'obstacles pour amener le désert de l'isthme à donner leur existence habituelle aux derniers venus! Honneur à ceux qui ont ainsi préparé l'arrivée des engins, qui nous ont étonnés, lorsqu'ils venaient de finir leur œuvre à l'époque de l'inauguration.

MARCHÉS PASSÉS POUR LES TRAVAUX.

Les outils si perfectionnés de l'Europe, ayant désormais prise sur l'isthme, des marchés furent passés, le 1er octobre 1863, avec M. Couvreux pour 9 millions de m. c. à enlever à sec, puis sous l'eau, sur une longueur

de 15 kilomètres, au seuil d'El-Guirs; le 20, avec
MM. Dussaud frères, pour l'exécution des jetées de Port-
Saïd, et pour que chaque nation participât, le 13 janvier 1864, un marché fut passé avec M. William Aïton,
connu par des travaux de dragage dans la Clyde;
un quatrième marché fut passé le 13 janvier avec
MM. Borel et Lavalley, pour toute la partie, depuis le
lac Temsah jusqu'à Suez, comprenant 25,000,000 de m. c.
Tous ces entrepreneurs, aussi habiles que hardis et
expérimentés, avaient déjà fait leurs preuves. Ils furent
aussitôt mis sous la direction de M. Voisin-Bey, établi
à Ismaïlia, d'où il animait cet immense ensemble.
Comme tous les travaux sont détaillés sur la légende
placée à l'opposé, il suffit de répéter ici que l'ère mécanique fut ouverte de la manière la plus brillante
par d'admirables organisations de travail et par la
production d'engins non moins remarquables, inventés
par ces Messieurs; telles sont les dragues à long couloir, les élévateurs et les excavateurs. On se fait peu
une idée de la célérité avec laquelle ces puissantes
machines ont été conçues, puis exécutées, presque
toutes en France, apportées par morceaux et montées
dans l'isthme devenu abordable. Quel personnel il
fallait posséder pour en former un assez nombreux et
utiliser les ouvriers de toutes les nations du midi de
l'Europe. Les mots ne suffisent pas pour rendre l'impression éprouvée en voyant toutes ces perfections de
l'industrie moderne, au milieu d'un désert! Qui sait,
en Europe, ce que c'est qu'un désert?

APPEL AU COMMERCE LIBRE.

Les difficultés physiques et politiques avaient réduit

la Compagnie au travail en régie et à fournir elle-même
à tous les besoins des employés, des agents et des ouvriers : nourriture, habillement, chaussure, habitation,
ustensiles domestiques, elle faisait tout apporter de
1,000 lieues. On conçoit dans quel dédale de détails et
de dépenses elle fut entraînée. Mais comment faire?
Qui aurait voulu fonder un cabaret sur le sable et
sans sécurité pour les jours suivants? C'est ce qui avait
forcé d'acheter une petite flotte et tant de milliers de
chameaux. On s'en défit, dès que ce fut possible, et à
la fin de 1864 il n'y avait plus que 5 ou 6 bricks. L'in-
tendance fut supprimée, et M. Angot se retira après avoir
noblement rempli une tâche aussi laborieuse que difficile. De plus, les travailleurs n'étant plus des fellahs,
il y eut des rixes, dont deux sanglantes, entre des Grecs
et des Arabes; aussi M. de Lesseps demanda au vice-
roi de se charger de la police de l'isthme, dont le sable
fut transformé en province et régi par Ismaïl-bey.

IMPRESSION PRODUITE PAR LE CANAL.

Les travaux européens ont été assez détaillés dans
le chapitre suivant, et les résultats commerciaux
sont si nettement représentés par la courbe du transit
qu'il suffit de terminer par l'impression que produit le
canal sur ceux qui le visitent. On peut dire quelle est
à peu près nulle, pour les yeux du moins. Sauf les
jetées de Port-Saïd et le bassin de Suez, il n'y a pas un
seul de ces travaux d'art qui étonnent, comme les aque-
ducs romains, celui de Requefavour, ou le triste aspect
du goufre qui traverse les Alpes. Pas un arbre, pas un
roseau, pas une pierre, du sable et puis du sable. C'est

à fuir par un touriste faiseur de croquis ; rien n'égale cette monotonie, dont deux nappes d'eau plus larges et quelques dunes élevées rompent seules l'uniformité. Pas de bruit, pas de mouvement, tant qu'un navire ne passe pas ; les seuls êtres vivants sont les pélicans vus au loin sur le lac Menzaleh. On voit le ruban bleu de l'eau, mais il ne dit pas quelle est sa profondeur, ni ce qu'il a coûté de travaux. Aussi, ceux qui ont assisté à la brillante inauguration du 5 novembre 1869, n'ont pas eu la moindre idée de l'isthme. Ils ont vu tout animé, les petites villes pavoisées, les rues arrosées par des chameaux, les Européens circuler, les femmes élégantes caracoler, les voitures rouler à Ismaïlia et à Suez. Ils sont venus en hiver, le soleil était très-modéré ; ils ont vu cette abondance répandue à pleines mains par le Khédive, ils ont dansé dans son palais, vu des femmes aussi élégantes qu'à Paris, dîné, soupé comme à Paris. Pour eux, le canal a été faussé. Chaque visiteur aurait dû passer douze heures seul sur un âne, ou un chameau, et sentir la chaleur et la soif, pour se douter de ce qu'était l'isthme pour ses premiers travailleurs ; encore n'aurait-il pas eu cette continuité uniforme et ces longues privations du premier temps. Le Khédive a fait grandement les choses, il a été trop galant, et ses visiteurs sont retournés chez eux sans se douter qu'ils étaient allés dans le désert.

Le canal est une œuvre de génie et d'une foi qui s'est communiquée de proche en proche, comme celle de saint Paul, et qui a entraîné souscripteurs et travailleurs ; cette foi dans une œuvre utile, a été la force de M. de Lesseps, elle a été comprise en France ; elle a surmonté des obstacles de toute nature ; elle a remué les sables. Maintenant elle éprouve le sort des grandes choses nouvelles. Tel qui niait, a tout inventé.

Mais si l'œil est peu satisfait, combien, au contraire, l'esprit admire ce travail et surtout ses résultats ; Vasco de Gama, trouvant une longue route par le cap des Tempêtes et Watt, faisant sortir une force de l'eau bouillante, n'ont pas fait plus pour le bien-être des hommes, que M. de Lesseps en raccourcissant la grande route des deux bouts du vieux Monde d'une distance égale aux deux tiers de l'ancienne, pour les peuples de la Méditerranée et à la moitié pour ceux de notre Océan. Il a donc été bien naturel de chercher à donner aux visiteurs du musée de marine une faible idée de ce canal, qui influe déjà sur les constructions navales et surtout d'imiter autant que possible, la triste monomanie et le dénûment de ce désert, dans lequel nos compatriotes ont travaillé si longtemps.

TROISIÈME PARTIE.

DÉTAILS

SUR LES

TRAVAUX DU CANAL MARITIME

ET SUR LE SOL

DE L'ISTHME DE SUEZ.

---

*La description des travaux suit le canal du Nord
au Sud, c'est-à-dire de Port-Saïd à Suez.*

PORT-SAÏD.

Le sable fin de toute la côte d'Égypte a été le plus
grand obstacle au débouquement du canal maritime
dans la Méditerranée ; car si le sable est facilement enlevé par les dragues, il présente de longues plages ina-
bordables et privées de toute végétation, et par suite
de tout moyen de subsistance. De plus, il obéit tellement aux vents et aux vagues, qu'il combat incessam-
ment les travaux de l'homme. Il présente pour l'entrée
des ports un ennemi aussi petit, mais plus constant
dans ses actions que les fourmis blanches élevant leurs

pyramides, ou les philoxeras microscopiques rongeant
les vignes, et contre lesquels le cultivateur est impuis-
sant ; encore faut-il observer que des êtres vivants sont
eux-mêmes soumis à des chances dangereuses, tandis
que le sable obéit régulièrement aux vents et aux flots.

Cependant, comme on ne peut changer la nature des
lieux, il a fallu affronter ces difficultés, pour le présent comme pour l'avenir, et chercher sur cette longue
plage monotone, quel était le point le moins défavo-
rable.

On avait d'abord pensé à la baie de Péluse, située à
30 kilomètres à l'E.-S.-E. de la position actuelle de Port-
Saïd ; mais les sondages de M. Larousse, ingénieur hydrographe, prouvèrent que tandis qu'il fallait s'éloigner
à 7,500 mètres de la plage, pour trouver un fond de
8 mètres devant Péluse, il n'y avait à étendre les jetées
qu'à 2,300 mètres pour arriver à la même profondeur,
là où est le port actuel. L'avantage était trop grand
pour hésiter ; mais là, entre la mer et le vaste lac Menzaleh, il fallait tout créer, même le sol, car la plage
n'avait que de 50 mètres à 100 mètres de large, et à
peine 1^m50 de hauteur sur quelques dunes. Les vagues
la franchissaient parfois pendant les vents du nord, et
le Nil venait d'un autre côté s'y frayer un passage
dans la mer. Les abords étaient très-difficiles ; du
côté de la mer, un sable d'une pente insensible, où le
moindre canot touche à plus de 200 mètres de terre,
quand les longs rouleaux écumeux des vagues permettent de songer à s'approcher ; du côté de terre, un grand
lac, présentant jadis la partie la plus fertile de l'Égypte,
et n'ayant maintenant que quelques centimètres d'eau
salée, sur une couche d'ancienne boue. De petits bateaux plats y circulent seuls et presque sans charge-
ments, et cela sans pouvoir s'approcher du sable sec.
Son niveau varie suivant les changements des eaux du

Nil ou suivant la direction des vents, qui, tout en y produisant des sortes de tempêtes, font changer la profondeur de 0m30. Lors de l'arrivée des premiers pionniers de l'œuvre, la partie à l'est du canal était encore inondée : ce sont les berges qui ont arrêté les eaux ; mais dans les coups de vent, les vagues en ramènent encore.

PREMIER COUP DE PIOCHE.

Ce fut cependant sur cette sorte de radeau isolé, sur la mer bleue, que, le 25 août 1859, en présence de M. Laroche, ingénieur, ainsi que de 150 conducteurs de travaux, marins ou fellahs, M. de Lesseps donna le premier coup de pioche, en prononçant les paroles suivantes : « Au nom de la Compagnie universelle du canal de Suez, et en vertu des décisions du conseil d'administration, nous donnons le premier coup de pioche sur le terrain qui ouvrira l'accès de l'Orient au commerce et à la civilisation de l'Occident. Nous sommes réunis ici dans une même pensée de dévouement pour les intérêts des associés de la Compagnie et de son auguste fondateur, Mohamed-Saïd ; honneur à Mohamed-Saïd ; qu'il vive de longues années ! »

Le dernier coup de pioche a été donné par S. A. Ali-Pacha, au barrage du réservoir de Suez, le 15 août 1869, c'est-à-dire 10 ans moins 10 ou 12 jours après le premier. Enfin, tous les pavillons de l'Europe traversaient le bosphore des deux Océans, le 17 novembre, ayant à leur tête celui de la France, porté sur le yacht de S. M. l'impératrice Eugénie, c'est-à-dire 10 ans et 205 jours après le premier coup de pioche qui a retenti dans le monde civilisé, et dont les échos se prolongeront plus loin, dans l'avenir, que ceux du canon des plus grands capitaines. Ainsi, 300,000,000 d'Occidentaux ont été mis en communication directe avec 700,000,000 d'Orientaux, en raccourcissant du quart du tour de la terre, le chemin que Vasco de Gama avait eu la gloire de découvrir 372 ans plus tôt. Ce résultat a été obtenu pour une somme de 414,000,000 de francs. Pourquoi cette voie de l'union de populations si nombreuses ne sera-t-elle pas aussi profitable à ses créateurs, que des chemins de fer, qui, sans sortir de leur pays, ont coûté presque autant ! L'envie seule pourrait l'empêcher.

PREMIER ÉTABLISSEMENT.

Une fois le point de débouquement adopté, il fallut le rendre habitable et abordable, mais on ne pouvait y arriver que par le lac ou en débarquant vers l'ouest à Gémilch, pour faire cheminer des chameaux sur l'étroite langue de sable. Dès 1859, M Laroche s'y établit avec 12 Européens et 100 fellahs. Un consul voulut l'entraîner à quitter la place ; le 5 octobre, des cavaliers du pays tentèrent de l'expulser ; il résista et garantit la position ; que valait-elle alors ? Puis ce petit groupe de travailleurs commença un phare en bois de 20 mètres de haut et visible à 20 milles (37 kilom.), pour servir de guide aux bateaux apportant de l'eau, des vivres et des matériaux sur un point de cette plage, toujours semblable à elle-même. La position fut bien pénible jusqu'en 1860, où l'on éleva sur pilotis quelques cabanes, sous lesquelles les vagues passaient parfois. En 1861, on reçut des pelles et des brouettes ; l'eau douce arriva moins irrégulièrement ; elle était saumâtre et venait de Damiette, dans une citerne; le difficile était de la débarquer. Il fallut s'en contenter pendant longtemps, En 1861, on établit à Damiette un premier magasin dans une filature de Méhémet-Ali. L'eau arriva aussi par le lac Menzaleh, grâce aux fellahs; elle revenait à 16 francs le mètre cube; on se battait presque à son arrivée. Le 20 octobre 1861, on eut une première petite drague, amenée par morceaux à travers le sables et les boues du lac. Le transport de sa chaudière, qui ne pouvait se diviser, fut une série de difficultés, parfois pittoresques, lorsque 20 chameaux, étonnés de piétiner dans l'eau, parvinrent à la traîner. Cette drague commença le creusement d'un espace abordable, et ses déblais exhaussèrent un peu le sol. On établit des distillateurs pour éloigner les chances de mourir de soif, on fit quelques cabanes en roseaux et en charpentes venues de Damiette ; elles coûtaient 8,500 francs pour quatre chambres; plus tard, celles en briques crues coûtèrent 7,300 francs. On établit un hôpital sur cette plage étroite, que les travailleurs appelaient la Cayenne du désert, et qui, par le fait, était plus triste, mais nullement malsaine. On vécut d'abord sur des plates-formes, à 2 mètres au-dessus des flaques d'eau ; la position était effrayante pendant les coups de vent. Une fois le sable fut rongé d'une manière inquiétante et menaça d'une sorte de naufrage. Cependant, à la fin de 1861, on eut 3,600 ouvriers et des ateliers, en 1864, il y en avait 4,000, en 1869, 10,000. Les édifices arrivèrent à occuper 48,370 mètres pour la Compagnie et 91,000 mètres pour les particuliers ; les quais eurent 1,800 mètres de long, le sol fut exhaussé à 2 mètres, les cours et les jardins occupèrent 122,000 mètres, car il y eut des jardins et des légumes à Port-Saïd! Grâce à cette eau du Nil, venue d'Ismaïlia par un tuyau de 80,000 mètres de long (voir plus loin Service hydraulique). L'arrivée de cette eau bénie changea les privations en bien-être. La rade, si on peut appeler ainsi une mer ouverte devant une plage étroite, la rade fut reconnue sûre, grâce à la tenue du fond et surtout au climat. Les travailleurs ne furent pas emportés sur une île de vase flottante ; ils n'ont pas eu le sort dont on les menaçait en plein XIXe siècle ; car on a répandu sur le canal des contes sans poésie et moins fondés que ceux des sirènes et des gouffres de Caribde et de Scylla. En 1865, les délégués du commerce de tous les pays ont débarqué à Port-Saïd et logé dans un hôtel. Une cargaison partie de Marseille est allée dans l'Inde par le canal d'eau douce ; trois mois après, la houille d'Europe arrivait directement à Suez.

Port-Saïd est maintenant une jolie petite ville, avec un peu de verdure ; elle présente aux Européens tout ce qui leur est nécessaire ; son sol, fruit de tant de travail et d'argent, est solidement établi avec du béton et des résidus de forge ; son climat est doux, peu chaud ; c'est celui de la mer environnante et non celui des sables du désert. La population est formée d'Égyptiens, de Grecs, de Dalmates, d'Italiens et de Français, tous Provençaux. On n'y trouve des Anglais que pour représenter des compagnies de navigation. Il y a des consuls de diverses nations, des chapelles catholiques et grecques, une mosquée, une école gratuite française et une autre arabe. Enfin, un cercle est établi sur le quai Eugénie. Tout cela n'a pas le grandiose de l'Europe, mais a été créé en 10 ans sur un banc de sable isolé, presque inabordable, et souvent couvert par la mer. Maintenant les navires affluent dans son port, creusé par les dragues, et, devant ses quais sortis de l'eau, un canal de dérivation réunissant le Nil à la tête du grand canal est projeté ; c'est le grand fleuve sacré qui vient chercher l'îlot de sable transformé par le génie. Ce canal amènera les produits de l'Égypte à ce port, que le talent des hommes a rendu plus commode que celui d'Alexandrie. Aussi est-il probable que, profitant d'une position si avantageuse, cette nouvelle Venise, sortie réellement des eaux, verra sa population s'augmenter et arriver dans vingt ans aux 100,000 âmes que lui a prédit son fondateur. (Voir le panorama développé.)

JETÉES DE PORT-SAÏD.

Communiquer pour avoir de quoi vivre et travailler fut le premier besoin, et les difficultés du lac firent tourner tous les efforts vers la plage à pente insensible, sur laquelle la mer brisait au loin. Dès l'origine on s'occupa d'un appontement. Il fut commencé en bois; les tarets le mangèrent et il fallut en venir à de grosses barres de fer, vissées dans le sable, pour établir à 920 mètres de la plage et par 5 mètres de fond, un îlot perché sur ces piles de fer vissées à 3 ou 4 mètres de profondeur, en les tournant sur deux bateaux contigus. On établit sur les premiers piquets un tillac ou plate-forme, qui prolongée, servit à visser de nouveaux piquets. On parvint ainsi et malgré les difficultés des mauvais temps de l'hiver, à une surface de 20 m. sur 60 mètres, où les beaux temps permettaient aux plus petits navires de venir décharger quelquefois. Les pieux ne pouvant être enfoncés régulièrement il avait fallu ajuster sur place les cornières de jonction et les croix de Saint-André. Ils doivent être fiers, ceux qui ont fait cet îlot de 1,299 mètres de surface, qui a coûté 176,500 francs. On établit ensuite des estacades à 100 mètres l'une de l'autre et on parvint à faciliter l'accostage des mahones, sorte de petits bateaux, allant chercher sur les navires les vivres, le charbon, ou les matériaux, dès que le temps le permettait. Mais il fallait un chenal et pour qu'il ne fût pas comblé une jetée vers l'Ouest. Pour cela on apporta 20,000 mètres cubes de pierres des carrières du Mex près d'Alexandrie, qu'on parvint à débarquer avec des bigues et la grue à vapeur de l'îlot.

A force de travail on creusa à bras un canal de deux mètres de profondeur et à la suite de ces efforts, on parvint à travailler à la manière européenne et non plus à la façon des temps héroïques. Ce ne fut qu'à partir de cette époque, qu'il devint possible de faire des projets et de conclure des marchés. En 1863 M. Pascal présenta deux projets de jetées, l'un en pierres de Gebel Genéffé, amenées au moyen d'une chaîne noyée de 165 kilomètres de long, ce qui supposait le grand canal navigable, l'autre en blocs factices, tels que ceux que M. Poirel a été le premier à employer à Alger, ainsi qu'à Livourne. Le 20 octobre 1863 un marché fut passé avec MM. Dussaud frères, déjà connus par d'admirables travaux à Cherbourg, à Marseille et à Alger, pour deux jetées, l'une de 3,000 mètres, l'autre de 2,000 mètres, en blocs de 3 m. 40 c. $\times$ 2 m. $\times$ 1 m. 50 c. = 10 mètres c., pesant 20,000 kil. formés de sable et de 325 kil. de chaux du Theil (Ardèche) en poudre, pour 1 mètre c. La chaux était évaluée à 65 francs les 1,000 k., rendue à Port-Saïd ; le prix du mètre cube de bloc, établi d'abord à 40 francs fut porté à 42 francs en octobre 1866.

La Compagnie du canal avança le tiers du matériel d'exécution et s'engagea à entretenir un chenal de 2 mètres de profondeur. Tout devait être terminé en 1868, c'est-à-dire que 250,000 mètres c. devaient être produits en deux ans, sur cette plage sans eau et sans abri, n'ayant guère de moyen d'accostage que son îlot en l'air. La jetée de Cherbourg commencée en 1784 n'a été terminée qu'en 1853. Que de progrès les entrepreneurs industriels ont fait faire aux grands travaux, en joignant l'intelligence commerciale aux organisations d'exécution basées sur l'analyse pécuniaire d'opérations antérieures, et de quel personnel exécutant ils ont doté leur pays !

FABRICATION DES BLOCS FACTICES.

Le chantier de fabrication fut établi sur la côte d'Asie ; on y construisit des magasins pour plus de 40,000 sacs de chaux ; puis une double voie ferrée pour les grues et les trucs et une autre sur le sommet des blocs déjà faits, le tout ayant une longueur de 1,635 mètres. Le lido étant trop étroit pour donner le sable nécessaire, on prit celui du creusement du grand bassin, monté par un manége sur un plan incliné ; car il fallait faire de la pierre avec du sable, puisqu'il n'y avait que ce sable à portée dans l'isthme et que le canal n'existait pas encore pour transporter les pierres. Les carrières d'Alexandrie en fournissaient fort peu ; encore fallait-il les débarquer, ce qui était très-difficile. On en a fait venir plus tard de l'archipel grec.

Les déblais des dragues étaient apportés et versés dans des wagons traînés par une chaîne sans fin. Le sable était versé dans 10 broyeurs, dont 8 en action continue, d'où le mortier pâteux tombait dans d'autres wagons, qui le montaient et le versaient dans les moules. On obtenait ainsi 300 mètres c. de mortier par jour. Le béton bien piloné restait trois mois à sécher, ce qui exigeait 2,000 moules. Une grue roulante chargeait les blocs sur les plates-formes d'un chemin de fer conduisant au quai, où une autre grue les soulevait pour les poser sur les alléges, qui en prenaient chacune trois. On mettait les blocs à l'eau sur un plan incliné, ou bien une grue flottante les prenait pour être remorqués jusqu'à la jetée et les immerger au point convenable.

La machine des broyeurs était de 70 chevaux et produisait toutes les opérations. Les blocs sont revenus à 365 francs dans l'atelier, mais sans compter aucune dépense accessoire. On vérifiait leur composition avec des prismes de 0 mètre 10 sur 0 mètre 10 et de 0 m. 40 de long, taillés dans des blocs retirés de l'eau et ils devaient résister à une pression de 80 kil. par centimètre carré. Les moules étaient en planches et démontés au bout de 4 ou 5 jours en été et 7 ou 8 en hiver.

A Port-Saïd les travaux de l'homme civilisé, opérant encore dans le désert, mais communiquant librement avec l'Europe, se sont montrés au niveau de ceux du même homme reprenant une vie sauvage, et luttant contre le dénûment, afin de préparer l'arrivée et l'action des instruments les plus perfectionnés. L'énergie de M. Laroche, puis le savoir-faire de M. Dussaud, ont vaincu toutes les difficultés ; car si on a remarqué tant d'engins en action, il eût fallu ajouter les maisons apportées d'Europe et débarquées, viande, charbon, planches, clous, vêtements, menus outils, tout apporté d'Europe à travers les rouleaux écumants de la plage, ou les bas-fonds du lac Menzaleh. L'eau potable venait de 60 kil., le charbon des distilleries venait d'Europe, tout était apporté ; et l'Européen, si habitué à l'abondance, ne se figurera jamais ce qu'était le rien des quelques mètres carrés du Port-Saïd primitif. Ces premiers travailleurs s'en souviennent-ils bien eux-mêmes? peut-être sont-ils comme le militaire échappé à la guerre ou le marin au naufrage.

Dès qu'on eut un peu de terrain pour les hommes et

leurs ustensiles, on s'occupa d'un canal donnant accès aux navires. Il fut creusé à grand'peine et par des moyens aussi grossiers que ceux employés dans le lac Menzaleh. Mais comment faire pour travailler ni sur terre ni dans l'eau, puisqu'on n'avait pas un mètre de profondeur ; il le fallut cependant pour permettre l'arrivée des dragues, qui creusèrent rapidement et facilitèrent tous les travaux en permettant ainsi de se mettre en rapport direct avec les travailleurs. En fin de compte on dragua 4,650,000 mètres cubes pour le port et ses dépendances.

TRAVAUX A VENIR.

Si par sa position Port-Saïd a devant lui un avenir de progrès, il ne le réalisera que par une lutte continuelle contre le sable qui, remué par les vagues, se transporte avec l'eau et s'avance vers l'Est par l'impulsion des vents les plus fréquents. Il paraît même remonter au nord jusque vers Beyrouth, où l'on cherche à s'en garantir par des haies de cactus. Aussi dès que la jetée de l'ouest fut établie le sable s'amoncela vers sa racine et il parut d'abord avancer d'environ 50 m. par an. A 5 mètres de profondeur on le croit immobile et on pense que ce mouvement s'arrêtera vers une distance de 500 mètres de la plage. De plus le sable, remué par l'eau des vagues, passe à travers les blocs de la jetée, surtout là où, en déferlant, la mer se mêle le plus avec lui. Il en est résulté une petite plage à l'intérieur de la jetée, et pour assurer la conservation de la profondeur voulue, on a éloigné le chenal à 200 mètres des blocs.

Il y faudra là, ainsi qu'à l'ouverture des jetées, un

draguage continu, que les vagues rendront parfois
difficile et qui ajouté à ce qui sera nécessaire pour
la rade, s'élèvera chaque année à 200,000 ou 250,000
mètres cubes. Il est vrai que tout abonde maintenant à
Port-Saïd, ce qui diminue beaucoup les frais. Du reste
cette lutte contre la nature se présente partout : les
lois générales refont ce que l'homme a modifié. Chez
nous le port de Saint-Nazaire s'envase avec rapidité,
l'entrée du Havre est souvent draguée et les millions
dépensés à Toulon pour curer la rade représentent par
leur intérêt la dépense d'un entretien continu, même
en admettant qu'il n'y aura pas lieu de recommencer.
Et puis cet allongement vers le nord ne serait-il pas un
jour un avantage, puisqu'il se fait à l'envers du mouvement général de l'isthme vers le sud, lequel laisserait
un jour Port-Saïd et ses jetées dans l'isolement. Il y a
donc là des frais d'entretien comme partout ailleurs,
car rien ne dure par soi-même, tout se modifie inces-
samment.

LAC MENZALEH.

La grande nappe d'eau à laquelle on donne maintenant le nom de lac Menzaleh est séparée de la mer par
un lido, ou langue de sable, de 50 à 100 mètres de large,
percée de quelques passages, les uns permanents et les
autres accidentels, auxquels on donne également le
nom de bogaze. C'était jadis la province la plus fertile
de l'Égypte, alors que la majorité des eaux du Nil se
déversait vers l'orient. Le lac occupe maintenant une
surface variable suivant le niveau des eaux et elle peut
être évaluée à 250,000 hectares. Trois branches du Nil
s'y déversaient, et leurs eaux bienfaisantes, contenues

par des digues, fertilisaient alors le désert aqueux, dont les pélicans sont presque les seuls habitants. On y voyait de grandes villes, telles que Tennis dont les ruines actuelles sont romaines et montrent des bains, des tombeaux et des amas de briques et de poteries. La ville de Touna était au S.-O. et Mansour se trouvait à l'ouest. C'est là, qu'après une victoire, saint Louis fut fait prisonnier en 1251. A 31 kilomètres dans l'est de Tennis se trouve Tineh, le Sin de la Bible et le Pelusium des anciens (Peluse veut dire boue). C'était une ville importante, la sentinelle avancée contre les attaques des conquérants de l'Asie, qui la saccagèrent plusieurs fois. Sur son emplacement on voit le soubassement d'un grand temple, trois grandes colonnes de granit rouge et des monticules de briques. Dans l'est se trouvent les restes d'un petit fort, qui a été occupé par les Français et par les Turcs.

Le lac était traversé par la branche Pelusiaque, dont une traînée noire de 1 kilomètre de large montre encore la trace, par la couleur du limon déposé pendant des siècles. Toute cette partie a été séchée par la berge orientale du canal et elle retrouverait sa fertilité, en lui rendant les eaux du Nil, qui passeraient dans des siphons sous le canal. En 543 avant Jésus-Christ, la mer forma le premier lac Tanitien, puis le lac Elzéar et leur réunion produisit la nappe d'eau actuelle, qui, fertile dans son genre, fut nommée le vivier des Pharaons. C'est aujourd'hui un vaste marais d'eau salée ayant 0 mètre 10 c. à 0 mètre 20 c., d'eau sur une couche de vase molle de 1 mètre d'épaisseur, sous laquelle est une vase résistante, et malgré ces conditions particulières le lac Menzaleh n'a jamais été malsain. Sa forme change avec les moindres variations de niveau et les îles paraissent ou disparaissent pour quelques centimètres de différence.

DIFFICULTÉS DU LAC MENZALEH.

L'eau d'un bleu clair du lac Menzaleh a présenté sur une longueur de 44 kilomètres une difficulté sérieuse au lieu de la diminution de travail que son aspect porte à faire croire. La profondeur de l'eau varie en moyenne de 0 mètre 80 c. en hiver à 0 mètre 40 c. pendant l'étiage sur 1 mètre de vase. C'est un vaste marais salant, qui a opposé les obstacles réunis du travail dans l'eau et de celui à sec. Aussi a-t-on été heureux de trouver là une race vigoureuse, mais étrangère à l'Égypte, qui habituée à vivre sous ce soleil et dans cette boue était seule capable de l'extraire, alors que les machines européennes n'avaient aucune prise. Ces fellahs recueillaient la vase entre leurs mains, la pressaient sur leur poitrine pour l'égouter, et en former des boules ; ou bien ils la plaquaient sur le dos de l'un d'eux qui croisait les bras pour la soutenir et l'emporter. Ils ont ainsi creusé une rigole de 4 à 5 mètres de large sur 2 mètres de profondeur sur une longueur de 44 kilomètres, soit 200,000 mètres de surface et 400,000 mètres de volume enlevés de la sorte. On a creusé ensuite à plus de 3 mètres avec une sorte de godet en tôle, percé de trous et fixé au bout d'une perche. Un homme debout sur un petit bateau le tirait par une corde, tandis qu'un autre remuait le manche et jetait le petit produit dans le bateau. Ce furent encore 200,000 mètres enlevés de la sorte, avant de pouvoir faire agir une drague. Qu'on tâche de se figurer, au milieu de notre confortable, quelle était l'existence des premiers Français, qui dirigeaient des travaux de cette nature.

La première petite drague a été traînée par morceaux

sur la vase; elle fut suivie plus tard de vingt autres qui
ont creusé deux canaux de 20 à 25 mètres de large,
dont les bords extérieurs devaient être ceux du grand
canal. Il restait entre eux un terre-plein, qui fut enlevé plus tard par les dragues à long couloir. Les
petites tempêtes du lac détruisirent plusieurs fois les
berges, qui une fois terminées ont bien tenu avec une
pente de deux bases pour une hauteur. Le lac Menzaleh est devenu plus tard le lieu de triomphe des dragues à long couloir.

Le premier qui osa tenter d'employer les engins
européens dans l'isthme fut M. Hardon, dont les efforts
méritèrent une indemnité considérable, lorsque son
marché fut résilié en janvier 1863. Alors les travaux
furent exécutés en régie et avancèrent très-peu.

Ras-el-Ech était le seul îlot à sec de Port-Saïd à
Kantara; il avait 50 mètres de long et $0^m,54$ de haut;
c'est là que tout devait s'engloutir dans la boue de
l'ancienne branche Tanitique, marquée encore par une
large raie noire. En effet on y a éprouvé des difficultés;
on y vécut d'abord dans un bateau échoué, il fallut
circonscrire le terrain par des piquets, et on arriva
ainsi à une surface de 13,440 mètres pour 2,138 mètres
d'édifices et de magasins du service des dragues. On
y a établi un réservoir d'eau douce de 500 mètres cubes.

EL KANTARA.

Ce petit plateau, nommé on ne sait pourquoi Pont-
du-Trésor, est le point de passage entre l'Égypte et la

Syrie, où les Arabes venaient apprendre des nouvelles.
Il y avait un pont, une fontaine d'eau saumâtre et un
petit marabout; on y a creusé d'autres puits. En 1859
on y fonda le premier établissement permanent, on y
établit ensuite une chapelle, une mosquée, un hôpital,
deux hôtels assez bien tenus et le bureau du transit:
un village grec a existé du côté de l'Asie. Les habitations ont couvert une surface de 8,106 mètres et les
cours et jardins 16,244 mètres. Les murs ont été faits
en maçonnerie avec les matériaux tirés des ruines de
l'ancienne ville Sété, située à quelques kilomètres. En
février 1860, on y voyait déjà une maison en bois, un
grand magasin en baraques venues de Crimée, une
boulangerie, une briquerie et un noria pour l'eau saumâtre ; celle potable était apportée à dos de chameau.

COMMENCEMENT DES TRAVAUX EUROPÉENS.

En 1864, l'ère du travail européen était enfin arrivée et
elle fut brillamment ouverte par MM. Borel et Lavalley,
qui entreprirent le creusement de presque tout le canal
lfirent exécuter en France le plus admirable matériel, dont la nomenclature suivante donnera une faible
idée : 18 petites dragues; 58 grandes dont 20 à couloir
de 70 mètres, les autres desservies par 37 grands porteurs, pouvant tenir la mer; 40 gabares à clapets de
fond; 30 gabares à clapets latéraux; 18 élévateurs;
90 chalands flotteurs et leurs 700 caisses; 20 grues à
vapeur; 10 chalands citernes à vapeur; 5 chalands de
transport; 150 bateaux en fer pour le transport du
charbon; 15 canots à vapeur et 30 locomobiles. L'ensemble des machines faisait une force de 10,000 chevaux, la consommation par mois était de 10,000 fr. de

charbon et 2,000 fr. d'huile. Le nombre des ouvriers payés était de 22,000. La valeur des objets de rechange employés en réparations s'est élevée jusqu'à 1,500,000 fr. par mois, leur tonnage à 1,000 T^x. Le capital engagé était de 40,000,000 de francs de matériel et 5,000,000 de francs de travaux préparatoires, dont 2,800,000 francs d'habitations. Avec ces moyens si audacieusement conçus et si habilement utilisés, MM. Borel et Lavalley ont fait arracher 50,000,000 de mètres par seulement 3,500 à 4,000 hommes en cinq ans. Il n'y a eu par le fait que 30 mois d'action effective, le reste du temps ayant été employé en confection et montage sur place des engins. Le travail n'a jamais duré plus de 18 heures et il ne consistait guère qu'à mettre des machines en action : on n'a pas travaillé la nuit. Le sable a rongé les boulons très-rapidement, ils ne faisaient pas plus de 1,200 à 1,500 mètres cubes et il fallait trois jours pour les remplacer, c'est-à-dire 200 fr., perdus en salaires et 3,000 mètres non extraits. En remplaçant le fer par l'acier, les boulons ont fait jusqu'à 37,000 mètres cubes.

Les ouvriers ont été embauchés sur les lieux par des salaires élevés et la promesse du rapatriement. Des Français de la côte de Bretagne, des Marocains, des Smyrniotes, des Grecs, des Calabrais, des Arabes et des Égyptiens servirent de terrassiers : les Arabes devenaient d'excellents riveurs. L'Italie a donné les maçons les menuisiers et les charpentiers; tous ces peuples sont sobres et ont supporté le soleil d'Égypte, tandis que l'usage des boissons a été nuisible aux gens du Nord, d'ailleurs peu nombreux. La France a fourni les ingénieurs, les conducteurs, les comptables, ainsi que de bons conducteurs de dragues, élevés aux travaux de Toulon et tous les patrons de bateaux. Les Français ont fait de médiocres terrassiers, mais ils se formaient vite aux travaux de force. Le patois était un italien demi provençal, qui a reçu dans le Levant le nom de langue franque; il était devenu l'idiome général et il était compris des Arabes, qui étaient devenus de bons chauffeurs.

Ainsi fut ouverte d'une manière brillante la seconde période de l'exécution du canal, celle du travail intelligent et mécanique, qu'on peut appeler européen et qui succédait à celui qui semblait appartenir aux temps héroïques, puisqu'il agissait dans un sol sur lequel la science moderne ne pouvait encore parvenir à mordre et qui exigeait la main de l'homme, maniant les outils les plus simples. Mais cette période si pénible ne peut être taxée d'avoir été barbare; car au lieu de semer, autour des travaux, les os des 200,000 hommes du temps de Nécos, ou des 20,000 du petit canal moderne du Mahmoudiek, l'esprit français, qui en réalité ne méprise pas les autres races, a su prendre assez de soins des travailleurs, pour qu'en 1867, sur 23,000 ouvriers il n'y ait eu que 450 décès, soit 2 %. La santé des travailleurs était l'objet des soins constants de M. de Lesseps, lorsqu'il parcourait l'isthme pour communiquer à tous l'ardeur de sa foi dans le succès.

COMPARAISON DES DEUX PÉRIODES DE TRAVAIL.

En comparant l'énormité des résultats obtenus, de 1864 à 1869 par les travaux européens, au petit cubage arraché à grand'peine durant les cinq premières années, on ne sait lequel il faut le plus admirer du courage et de l'abnégation des premiers pionniers, ou de la hardiesse intelligente, du savoir-faire et de l'action du capital, à partir du jour où les premiers ont donné aux seconds de l'eau douce, des vivres et une communication directe avec l'Europe pour amener le charbon, ainsi que les outils et enfin une petite rigole pour faire flotter ceux-ci. Que ne feraient pas des entrepreneurs tels que MM. Borel, Lavalley et Dussaud dans des pays où ils trouveraient tout, dès le premier jour. A ce qui vient d'être remarqué il faut ajouter que les travailleurs ont trouvé en Égypte une salubrité exceptionnelle faisant contraste avec les maladies qui massacreront ceux que le capital enverra couper l'autre isthme, celui de Panama.

LACS BALLAH.

Du kilomètre 42 au k. 62, le terrain n'est couvert de flaques d'eau que pendant les crues du Nil. On y a éprouvé des difficultés analogues à celles du lac Menzaleh. De plus le plâtre, dont les berges se sont trouvées formées, a été dissous par le clapotis de l'eau et il a fallu le consolider par le sable apporté des machines à draguer, pour l'amener à tenir comme un chemin macadamisé. Au kilomètre 59 on a trouvé d'excellent plâtre, dont l'exploitation est devenue considérable, et au kilomètre 57 du gypse, dont les dragues sont venues à bout.

DRAGUES A LONG COULOIR.

Ce nouvel engin a joué un trop grand rôle dans le creusement des lacs, pour qu'il ne convienne pas d'en dire quelques mots. Il consiste dans l'addition d'un couloir peu oblique, partant de plus haut qu'à l'ordi-

naire et dans lequel les godets versent le sable. Ce
couloir en tôle a la forme d'une demi-ellipse de 1 m. 50 c.
de largeur sur 0 mètre 60 c. de profondeur. Il est
soutenu par une charpente de fer en forme de
treillis et porté par un second bateau, lié à celui qui
contient la machine de 30 chevaux et qui a 35 mètres
de long. Comme l'inclinaison du couloir est très-faible,
on a évité de permettre aux déblais de s'y arrêter, en
projetant un jet d'eau continu, qui forme une sorte
de boue et en aidant le mouvement par une chaîne
balayeuse.

Les déblais extraits de 8 mètres de profondeur ont
été élevés ainsi à 14 mètres 60 c. et transportés jusqu'à
70 mètres de la drague à une hauteur de 4 à 5 mètres,
Il est résulté de cette disposition, que tandis que les
godets sont promenés par les chaînes de papillonage,
pour creuser partout le sol, les déblais sont versés
régulièrement et forment les berges sans exiger de
transbordement. Ces énormes dragues étaient admirables lorsque le soir elles se détachaient en noir sur
le ciel encore brillant et qu'elles faisaient entendre en
passant le choc des godets et le bruit de la chute du
sable et de l'eau. L'une d'elles a extrait et déposé
108,000 mètres en un mois, soit 2 mètres cubes, par minute. La moyenne a été de 36,000 mètres pour les longs
couloirs, 25,000 mètres avec les gabarres et 15,000 m.
avec les élévateurs. Toutes avaient les mêmes chaudières. Les réparations ont coûté 2,000,000; il a fallu
changer 2,800 godets et des milliers de boulons ou de
bouts de chaînons, tant le draguage du sable est pénible
pour les machines.

EL FERDANE.

Au kilomètre 62 commencent les terrains élevés du premier barrage de l'isthme; on y a établi un village de 1,337 mètres carrés d'habitations, 2,086 de clôtures et un poste télégraphique.

EXCAVATEUR A SEC.

Après avoir été lentement exécutés en régie, les travaux à sec ont été confiés à M. Couvreux et exécutés au moyen de l'excavateur de son invention. Cette machine est formée d'un châssis horizontal, porté par six roues sur une voie à trois rails, large de 3 mètres et placée parallèlement au talus. Le châssis porte la chaudière et deux machines, dont l'une transporte le tout, et l'autre fait marcher une chaîne de godets, portée par une élinde latérale et inclinée vers le bas, où elle est portée par une bigue. De la sorte les godets grattent le sable du talus et le déversent dans des wagons, situés, sur une voie ferrée supérieure, qui sert à les transporter au loin. Le poids de l'appareil est de 22,000 kilog., sa force 15 chevaux, il rend 750 mètres en 10 heures. Chaque excavateur est suivi d'un tender contenant l'eau douce et le charbon. Il y avait depuis El-Ferdane jusqu'à El-Guisr 16 excavateurs servis par 10 locomotives et 250 à 300 wagons. Après chaque passe leurs rails étaient déplacés, pour en faire une autre en élargissant la coupée. Au kilomètre 62 commençait le lot de M. Couvreux consistant en 4,009,000 mètres cubes de sable à enlever.

SEUIL D'EL-GUISR

La première et la grande vague de sable placée en travers du désert et dont le nom arabe signifie la digue a été considérée longtemps comme un obstacle infranchissable, que les imaginations opposées au canal s'étaient plu à grossir encore. On y trouva un sable fin, d'une couleur ocre jaune, qui paraît former seul les dunes hautes de 20 mètres qui, par suite des travaux, se sont élevées jusqu'à 30 mètres. Cependant ce sable a présenté assez de résistance, il tient bien sous l'eau à une inclinaison de 1 mètre sur 2. On y a trouvé des calcaires tendres et des argiles dures se collant aux godets, mais nulle part de roches nuisibles aux dragues. A un niveau peu supérieur à celui de la mer, s'est trouvé un gisement de grès friable, qui fut peut-être l'appui des premiers atterrissements, qui ont réuni les deux continents par leurs accumulations.

On y a éprouvé plus que partout ailleurs la difficulté de nourrir et surtout d'abreuver le nombre nécessaire de travailleurs. L'eau était apportée du lac Maxama au prix de souffrances et de dépenses très-grandes, puis quand la première rigole d'eau salée fut faite, elle arriva de 15 lieues, et comme le charbon se trouvait exiger moins de chameaux, on distilla de l'eau pour 6 à 7,000 habitants. Enfin, lors de l'arrivée du canal d'eau douce à Ismaïlia, une conduite en fonte de fer et une pompe à feu élevèrent l'eau sur la dune, où la verdure se montra bientôt. Sur le sommet de cette colline de sable apparut le plus joli village du désert, présentant des jardins, une chapelle catholique dédiée à Notre-Dame-du-Désert, une mosquée, un hôpital, de

nombreuses habitations. On y trouvait la maison de
M. Gioia, ingénieur de Compagnie, dont le jardin de
tamaris était devenu impénétrable au soleil et produisait la plus délicieuse surprise, lorsqu'après avoir
traversé les sables, on y trouvait un jour modéré, de
la fraîcheur et le murmure d'une petite fontaine. Les
constructions d'El-Guisr ont couvert 17,523 mètres
et les clôtures 39,850 mètres carrés.

On a commencé le travail du seuil à bras, presque avec
les mains, tant il était difficile de faire arriver les ustensiles, alors que le Khédive envoyait par milliers des
travailleurs qu'il fallait nourrir et abreuver. Ils arrivaient sur des barques au point le plus voisin et
faisaient la route à pied. On leur distribuait le pain,
le bois et les outils; un agent européen menait 500
hommes, au moyen de sous-chefs du pays chargés de
12 travailleurs, et en moins d'une heure le travail était
distribué. Les Fellahs mangeaient et dormaient sur
place, ils se nourrissaient de riz, de sorgho, de dattes et
d'oignons; leur ration revenait à 0 fr.,50 c. Ils ont eu
très-peu de malades et ont été très-étonnés de recevoir
un salaire régulier bien à eux, et surtout d'être soignés
gratuitement.

On creusa d'abord à la pioche et on enleva les déblais dans des couffins remplis avec les mains et portés
sur l'épaule; chaque ouvrier faisait ainsi de 8 à 10 mètres cubes par jour. On employait aussi des ânes, allant
seuls à un demi-kilomètre et revenant d'eux-mêmes.
On utilisa les chameaux au moyen de deux caisses:
les pauvres bêtes étaient forcées de s'accroupir chaque
fois, pour laisser remplir leurs caisses à la pelle, puis
elles se relevaient en grognant et, arrivées à la limite,
elles étaient déchargées, en ouvrant le fond des caisses
au moyen d'un déclic. La brouette parvint difficile-
ment à être adoptée par les Fellahs, qui par leur acti-

vité soutenue coupèrent cependant une rigole, qu'on fit descendre à 3 mètres au-dessous du niveau de la Méditerranée. Le nombre des couffes portées ferait trois fois le tour du monde, en les plaçant l'une prés de l'autre. En 1860, Mohamed-Saïd visita les travaux, et il fut surpris des résultats auxquels les récits de la presse étrangère l'avaient empêché de croire. Aussitôt après, il envoya 20,000 ouvriers et il y eut jusqu'à 40,000 hommes à travailler, mais aussi à nourrir et à faire boire, entre les dunes brûlantes du seuil. On avait heureusement 600,000 à 700,000 kil. de biscuits en réserve et la consommation s'éleva jusqu'à 15 à 20 mille kil. par jour. Le plus difficile était de distribuer l'eau sur tout le parcours.

On ne peut se faire une idée de cette fourmilière humaine se remuant dans cette longue rigole de sable sous une température de plus de 40°. Jamais spectacle pareil ne s'était présenté : mais il étonnait plus encore par l'ordre avec lequel tout s'opérait. Le travail se faisait avec un entrain provenant des soins pris par la Compagnie pour diminuer les misères inhérentes au genre de travail, soins vigilants que le Fellah voyait prendre de sa personne pour la première fois. C'est ainsi que 4,350,000 mètres ont été extraits en dix mois et portés à 21 mètres de hauteur, par la seule force des hommes et sans que la mortalité des ouvriers dépassât les limites ordinaires de nos pays. Quel contraste avec le chemin de fer de Suez et le canal du Mahmoudieh, dont les travailleurs étaient aussi sobres que ceux du canal maritime. M. Couvreux anticipa de six mois le terme de ses travaux, et en 1861 l'eau de la Méditerranée traversa le seuil dans une rigole plus grande que les canaux de l'Europe, puisqu'elle avait 20 mètres de large sur 3 à 4 mètres de profondeur.

Ce fut le signal d'une opposition plus énergique de

la part de l'Angleterre, dont la sentence arbitrale de Napoléon III du 6 juillet 1864 et le firman du grand seigneur du 19 mars 1866, atténuèrent heureusement les effets. Le travail manuel fut retiré moyennant une indemnité de 84,000,000 (voir la seconde partie). Le changement complet de système du travail produisit un temps d'arrêt, il fallut créer de nouveaux engins et MM. Borel et Lavalley se chargèrent de creuser et d'élargir la coupée de M. Couvreux, jusqu'à l'état actuel. C'est surtout dans les seuils qu'on avait le plus fait craindre le sable amené par le vent, et des observations firent croire que l'apport s'élèverait à 2,000 mètres ou même 4,000 mètres par kilomètre et par an; c'est à ce taux que M. Couvreux a été indemnisé pendant la durée des travaux.

Au kilomètre 75 on établit le chantier n° 6 qui prit de l'importance à cause des pierres qu'on y trouva. L'administration et les magasins furent établis au pied du chalet du Vice-Roi, qui couronne le monticule nommé Mariam, et sur lequel est une chapelle consacrée à la Vierge, en mémoire du passage de la sainte Famille. De ce point on voit Gobel Geneffé, Gebel Attaka le plateau des Hyènes, ainsi que le canal conduisant à la carrière de pierres et de chaux; enfin on contemple la nappe d'eau bleue du lac Timsah et on est heureux de voir les jolies maisons et surtout la verdure d'Ismaïlia, qui est une petite merveille après tout ce sable.

ISMAÏLIA.

Rien ne peut rendre l'agréable sensation de la sortie de la triste et brûlante tranchée d'El-Guisr, lorsqu'en débouquant dans le lac Timsah, on distingue les ver–

dures d'Ismaïlia. On vient de parcourir d'abord 77 kilomètres entre deux berges de sable, puis on entre dans un couloir entre deux talus de sable de 25 à 30 mètres de haut, où l'on étouffe. La nappe d'eau du lac soulage déjà, mais on débarque bientôt entre deux haies de peupliers, pas grands comme ceux de la Loire, mais verts. On trouve une jolie petite ville, très-propre, des jardins, des arbres verts, de l'eau partout ; la petite ville en est entourée ! On n'en revient pas, quand on songe que ces lieux étaient semblables à ceux qu'on vient de parcourir bien commodément, il est vrai, en glissant sur l'eau et en portant le confortable luxueux de l'Europe moderne avec soi.

On se demande comment, en si peu de temps, on a pu tout créer d'un premier jet sous un climat nouveau, sur du sable, là où il 'a fallu aborder toutes les difficultés à la fois, pourvoir à tout, alimentation, abri, travail, hygiène, médication et puis bien-être. C'est une surprise dont on garde toujours le souvenir, même quand on est habitant d'une grande ville, ou l'on ne s'étonne plus de rien. Ce fut le 27 août 1862 qu'on posa la première pierre de la ville, qui reçut d'abord le nom de Timsah, et peu après celui du Khédive Ismaïl. Le plan fut tracé par M. Sciama, ingénieur de M. Hardon ; le plateau des Hyènes fournit des pierres, en y creusant un canal, lorsque les eaux de la Méditerranée vinrent envahir la cavité du lac actuel le 18 novembre 1862. Puis l'administration du canal quitta Damiette et vint s'établir à Ismaïlia le 17 mars 1863; de nombreuses maisons étaient déjà prêtes et bientôt les jardins verdirent, les arbres poussèrent, et en 1869 on arrivait dans une ville coquette, propre, ayant des hôtels bien tenus et des établissements publics nombreux.

Les constructions de la Compagnie couvrent 41,900

mètres, les cours et les jardins 121,000 mètres, les terrains concédés 300,000 mètres sur lesquels 137,300 mètres appartiennent au gouvernement égyptien. On y remarque le palais où le Khédive reçut l'Impératrice Eugénie lors de l'inauguration et où les toilettes des dames et les uniformes auraient fait croire qu'on était au bal dans une vieille ville heureuse de l'Europe et non dans le désert. Les habitations du directeur général des travaux M. Voisin-Bey, de MM. Borel et Lavalley ainsi que leurs magasins, puis le châlet de M. de Lesseps se font remarquer par le goût avec lequel on a su les assortir au climat. Les maisons ont été construites en charpentes venues d'Europe par la rigole maritime, et les intervalles des poutres ont été remplis par des briques crues. Celles des employés ont coûté 11,800 francs, celles des angles des places sont en maçonnerie et valent 30,000 francs. L'habitation de M. Voisin-Bey est dans un jardin et elle entoure une cour verdoyante avec des vérandas, une volière et des gazelles; les bureaux et les salles de dessin sont placés sous les yeux du Directeur et c'est de là que partaient les ordres qui animaient l'ensemble des travaux. Enfin dans le nord est l'usine de M. Pierre, d'où part l'eau qui répand ses bienfaits jusqu'à Port-Saïd et au sommet d'El-Guisr.

Ismaïlia est en communication directe avec le Caire et Suez par le canal d'eau douce et par le chemin de fer, qui s'avancera un jour au milieu des eaux jusqu'à Port-Saïd, en dépit de la boue qui devait engloutir les berges. La nouvelle voie ferrée a fait renoncer à l'ancienne, dont on voit la trace noire sur le plan et au lieu de traverser les vallées rocheuses et brûlantes de Ghebel Geneffé et de Ghebel Attaka, le nouveau tracé côtoie presque le canal d'eau douce et présente trois stations entre Ismaïlia et Suez. Ce nouveau chemin de fer commencé au printemps de 1868 a été terminé en quatre mois.

ÉTABLISSEMENT HYDRAULIQUE.

C'est ici qu'il convient de placer quelques détails au sujet du service de l'eau douce, qui a donné la vie aux travaux de la partie Nord du canal. Cet établissement dû à M. Lasseron est situé près du palais du Khédive et du débouquement du canal d'eau douce dans le lac Timsah. Il renferme trois machines, deux de 15 chevaux et une de 25, servies par cinq chaudières. Les deux premières furent établies en 1863 : elles refoulaient l'eau dans une conduite en fonte de 162 millimètres de diamètre et fournissaient 750,000 litres par jour; la troisième fut établie en 1865 en même temps qu'une seconde conduite de 0 mètre 216 de diamètre, qui communique avec la première par 20 raccords avec robinets; elles fonctionnent en même temps et fournissent 1,500,000 litres par jour. Sur le parcours sont trois grands réservoirs, l'un de 500 mètres à El-Guisr, sur le point culminant de l'isthme, le second de 500 mètres au Cap et le troisième de 700 mètres à Port-Saïd. Ils assurent le service en cas d'avaries aux conduites, mais celui d'El-Guisr n'est pas assez élevé pour assurer le débit. Il faut pour cela une pression de 6 atmosphères afin d'obtenir la vitesse d'écoulement nécessaire, et comme les coups de béliers de 3,600,000 kil. d'eau en circulation seraient redoutables, on avait songé à établir des colonnes d'eau, qui auraient eu 60 mètres de haut et qui ont été remplacées avec avantage par des soupapes de sûreté situées dans les cabanes des gardiens.

On a placé des réservoirs à niveau constant au kilomètre 0. 9, à Port-Saïd et aux kilomètres 14, 20, 34, 44, 59 et 75, ils ont 7 mètres de diamètre et 4 m. 87 cent., de haut, et sont placés sur un grillage en bois pour éviter le contact du sable. Les tuyaux faits par la maison Edwards de Glascow ont été éprouvés à 10 atmosphères pour supporter en réalité 3 mètres 50 c. de mercure ou 4, 6 atmosphères. La plus grande difficulté fut d'installer des outils au milieu du désert, puis de poser les tuyaux sur une berge encore mal assurée; tout cela se faisait sous le soleil du désert, sans rien autour de soi que ce qu'on avait apporté, et non dans nos rues et nos campagnes. Ce fut cependant exécuté en huit mois pour la première conduite; la seconde fut ajoutée trois ans plus tard pour le service des machines et on adopta des bateaux-citernes à hélice longs de 31 mètres pour le service des dragues; ils contenaient 110 mètres et faisaient un voyage par jour. Il n'y eut d'accident aux conduites que dans les lacs, où les dragues faisaient parfois ébouler le sable des berges, et depuis la fin des travaux leur service est assuré.

On ne peut parler de l'usine de M. Pierre sans payer un tribut d'admiration à son jardin, où poussent à côté les uns des autres des ananas et des fraises venues des Vosges, des bananes, des pagayes, des bambous, près des choux, des carottes, des haricots et de nos fleurs. L'eau, vraiment merveilleuse, s'est vue employée avec un art, qui prouve quels prodiges de culture on peut effectuer dans cette Égypte avec l'intelligence européenne. Avec cette eau et le soleil tempéré par des arbres, on obtient tout ce qui est annuel, mais aussi tout pousse avec une telle énergie, qu'il faut renouveler les graines chaque année, sous peine de voir les plantes dégénérer rapidement. Et chose singulière notre race du Nord éprouve, dit-on, le même sort que nos plantes;

après trois générations en Égypte, elle ne produit plus et tourne à l'obésité. C'est par ce fait singulier, qu'on explique l'usage des mamelucks, dont les enfants ne portaient pas les armes et qui se recrutaient en achetant au loin de beaux garçons de 10 à 12 ans. Au contraire la race des fellahs est restée ce qu'elle a été ; quoique toujours dominée elle couvre encore son sol originaire.

LAC TIMSAH OU DU CROCODILE.

Le lac actuel était une dépression située à l'extrémité orientale de la terre de Gessen des Juifs et dont la cuvette de sable, remplie parfois par les eaux du Nil, était entourée de roseaux. Son origine est peu expliquée ; mais son existence depuis des siècles montre que l'envahissement des sables est très-lent. Maintenant c'est un lac de 15 kilomètres de tour et de 2,000 hectares de surface, dans lequel on a versé le 18 novembre 1862, les eaux de la Méditerranée, arrivées par une rigole de 18 mètres, dans laquelle le courant fut réglé de manière à ne pas gêner les travaux sur tout le parcours. Le remplissage a duré 247 jours, au lieu de 250 prévus par les calculs et il est entré un volume d'eau de 84,000,000 de mètres. Une fois plein il servit au transport des déblais, dont 5,000,000 de mètres provenant d'El-Ferdane et de Toussoum, ont été jetés dans la partie S.-O., considérée comme inutile ; tandis que pour le séjour futur des grands navires, les dragues creusaient une rade de 8 mètres de profondeur sur une surface de 60 hectares et formaient les canaux de jonction avec ceux venant d'El-Guisr et de Toussoum.

Lors de l'inauguration, ce lac de nouvelle date a vu flotter tous les pavillons de l'Europe, et, pour fêter un jour qui immortalise son nom, le Khédive groupa devant l'impératrice Eugénie les élégances exagérées de l'Europe, mêlées aux costumes sévères de l'Orient. Les Arabes accourus des déserts lointains bordaient de leurs tentes le canal d'eau douce et célébraient avec bruit un événement, dont ils comprenaient sans doute fort peu l'importance. Notre noble ennemi d'Afrique, Abd-el-Kader, apparut aussi, et reçut nos actions de grâces pour la protection qu'il avait accordée aux chrétiens, lors des massacres de Damas et du Liban.

SEUIL DE TOUSSOUM ET DU SÉRAPÉUM.

Après le lac Timsah se trouve le second barrage de dunes en venant de la Méditerranée; ce fut là que s'éleva le premier établissement dans le désert en 1859, à cause des puits, sur lesquels on monta des moulins à vent. Il eût été très-difficile de franchir cette barrière centrale sans le moyen si ingénieux suggéré à MM. Borel et Lavalley par l'étude des lieux. Ils remarquèrent dans la direction future du canal maritime trois dépressions de terrain jusqu'à un niveau inférieur à celui du canal d'eau douce déja exécuté. Dès lors ils eurent l'heureuse idée de s'affranchir du travail manuel qui, récemment supprimé avait donné un dernier résultat au seuil d'El-Guisr, et de faire flotter leurs dragues à un niveau supérieur à celui des deux mers. Pour cela on commença par faire communiquer les trois dépressions par une rigole creusée à sec, au moyen des travailleurs réunis dans le village improvisé sur le Sérapéum, auquel on montait par un escalier en bois.

Cette première tranchée communiqua en avril 1865 avec une autre tranchée de 1,800 mètres placée latéralement et qui s'ouvrit dans le canal d'eau douce, très-peu éloigné dans cette partie. Puis la crue du Nil, arrivée en novembre 1866, remplit les trois dépressions. On eut la satisfaction de voir qu'elles gardaient bien l'eau à un niveau supérieur de 6 mètres à celui des deux mers : les dragues, les porteurs, le charbon, les vivres, tout arriva d'Alexandrie et du Caire par le canal d'eau douce.

On utilisa si bien la surface des lacs factices pour déposer les déblais, que tout le sable extrait put y être versé. On fit ainsi un canal de 100 mètres de large au niveau du canal d'eau douce et qui eut plus tard 60 mètres de large au niveau de la mer. L'eau exhaussée fertilisa le voisinage, qui se couvrit de tamaris, qui verdissent encore sur toute l'ancienne surface arrosée. On utilisa la troisième dépression de terrain en la barrant du côté de la mer Rouge et on arriva partout jusqu'à 6 mètres en contre-bas du niveau de la mer c'est-à-dire à 12 mètres plus bas que le canal d'eau douce; ce qui força d'abaisser les élindes des dragues. On travailla ainsi dans l'eau douce en attendant l'arrivée de celle de la mer. On laissa ensuite baisser le niveau de 1 mètre 50 c. et les dragues descendirent d'autant leur travail. Arrivé là on coupa le barrage du lac Timsah et l'eau de la Méditerranée vint se mêler à celle du Nil, pour aider plus tard au remplissage des lacs amers.

Le village des travailleurs fut établi au kilomètre 90 et prit son nom d'un monument voisin découvert par les ingénieurs de Napoléon en suivant les traces du canal de Darius. Il est situé sur un monticule et présente de gros blocs de grès et de granit ornés de moulures, qui ont dû appartenir à une rotonde de 5 à 7 mètres de diamètre, que l'on a cru provenir d'un temple de Jupiter Sérapis.

C'est près de là, qu'au dernier moment, alors qu'elles allaient creuser à 8 mètres, les dragues rencontrèrent tout à coup le seul banc de roches de l'Isthme. On crut tout arrêté, l'inauguration allait être retardée, au moment où l'Europe accourait pour voir ce qu'elle n'avait pu croire. Mais M. de Lesseps connaissait assez le personnel qu'il avait si souvent ranimé par l'enthousiasme de sa foi et qui s'était formé aux durs labeurs sous le ciel d'Égypte. Il voulut qu'on passât le jour dit ; on amena les dragues l'une près de l'autre, on modifia rapidement les godets en leur mettant des dents d'acier pour ronger la pierre nuit et jour. On travaillait encore pendant qu'on dansait à Ismaïlia, mais le matin la passe était déblayée et l'*Aigle* portant l'Impératrice Eugénie franchit cet autre point difficile ; le plus grand des navires présents toucha un peu, mais sans être arrêté. Plus tard et en combinant l'action des mines avec celle des dragues, on est arrivé à 10 mètres d'eau sur tout le plateau de roches.

Les dunes du Sérapéum tiennent sous une pente de 2 pour 1, elles ne donnent pas d'inquiétude ; quant à l'apport du sable par les vents, il fut aussi estimé de

2,000 à 4,000 mètres cubes par an, mais il est beaucoup moindre. C'est là que le sable a le plus rongé les boulons des chaines de godets; il est si fin qu'il a fallu mettre des cuirs aux clapets des gabarres, pour empêcher qu'il ne tombe pendant le transport.

DÉTAILS DIVERS.

La longue surface des lacs amers n'ayant occasionné d'autre travail que le remplissage et l'établissement des phares, c'est ici qu'il convient de placer plusieurs détails qui n'ont pu trouver leur place ailleurs.

CORVÉES DES FELLAHS.

On a fait beaucoup de bruit au sujet des corvées et on y a vu un retour aux usages du moyen âge, sans considérer que dans un pays où le numéraire est rare, les corvées sont des centimes additionnels en travail et que de plus elles sont nécessaires en Égypte depuis les âges les plus reculés, à cause des travaux d'utilité publique dont l'existence du pays dépend constamment; tels sont les digues à réparer et les canaux à curer. Ce n'est pas à dire que ce mode de travail ne fût pas souvent très-répréhensible entre les mains des anciennes puissances locales; mais il fut tellement modifié par les vues éclairées et généreuses du Khédive et de la Compagnie, qu'au lieu d'avoir été une charge, il est devenu un bienfait, dont le Fellah conservera le souvenir. Car son travail n'était pas payé jadis, tandis qu'il a

touché une paie régulière, supérieure à celle en usage
et dont la propriété lui a été garantie : pour la première fois il a eu de l'argent bien à lui. Les contingents
de travailleurs devaient, il est vrai, être fournis par le
Khédive ; mais ce fut avec des précautions minutieuses,
par lesquelles ce souverain inaugura un nouveau
régime de travail, dont l'avis fut affiché dans tous les
villages. La tâche fut limitée, la police et les punitions
fixées.

La Compagnie s'engagea à construire des abris, des
hôpitaux, à traiter gratuitement les malades. Les allées
et retours des ouvriers et de leur famille furent à sa
charge. Les militaires employés furent payés comme
les civils ; les Cheïks reçurent aussi une solde. Tout
cela nous semble naturel, mais ne s'était jamais vu et
M. de Lesseps le faisait paraître pour la première fois.
Les Fellahs le sentirent si bien, ils mirent un tel
entrain, que le travail d'un mois était terminé en vingt
jours ; ils venaient jusque depuis la première cataracte.
La Compagnie a fourni les vivres sur place, elle avait
6 à 700,000 kilogr. de biscuit en réserve pour une consommation journalière de 15 à 20,000 kilogr. Ces soins
ont eu leur récompense, jamais les Fellahs n'ont dé-
serté les travaux et les punitions ont été presque inconnues.

PRÉSERVATION DES BERGES.

On a été très-préoccupé de la corrosion de ces berges
en sable, sur lesquelles l'eau de mer empêchait de
planter des joncs et on a craint surtout les effets de
l'onde solitaire, qui accompagne la marche d'un bateau

dans un canal. En effet, cette onde se montre énergique et déferle sur les berges, lorsque la marche d'un navire est rapide; mais quand la vitesse est modérée, 5 à 6 nœuds par exemple, l'effet est presque nul et la vague ne dépasse pas la petite plage à pente naturelle de $\frac{1}{10}$ d'inclinaison, conservée entre l'eau et la berge. Cependant on a essayé quelques empierrements et à Toussoum des bordures de tamaris plantés à 2 mètres de la ligne d'eau.

Ces expériences n'ont pas réussi d'abord, à cause du piétinement des ouvriers et des chaînes de papillonage des dragues. Mais depuis que le canal n'est plus sillonné que par les navires, les deux berges du Sérapéum sont égayées par des bouquets de tamaris, qui se multiplient de plus en plus et qui croissent naturellement. Des essais de plantations du même arbuste tentés depuis deux ans, c'est-à-dire en 1872, dans le seuil d'El-Guisr, commencent à donner des résultats satisfaisants.

SABLES APPORTÉS PAR LES VENTS.

On s'est également inquiété des sables entraînés par les vents, et à ce sujet il y a lieu d'observer d'abord que sur 160 kilomètres de parcours, il y en a 65 à travers le lac Menzaleh, 40 dans les lacs amers et 20 entre ceux-ci et Suez, là où le terrain est formé d'argile dure. Il n'y a donc rien à craindre sur 125 kilomètres. Restent donc les seuils pour lesquels on admet 400,000 à 500,000 mètres cubes d'apport annuel, pour le curage desquels trois dragues permanentes suffisent. Il faut ajouter à ce chiffre 200 ou 250,000 mètres cubes pour le chenal de Port-Saïd. A-t-on beaucoup moins à extraire proportionnellement, dans les petits canaux de France et d'Angleterre? Il faut aussi considérer qu'avec les facilités actuelles l'entretien est aussi économique, que la création s'est montrée dispendieuse. Enfin le Khamsin, vent du désert, nommé Simoun à Alger, amène des nuages moins denses, que leur aspect ne le ferait croire en obscurcissant l'air. Les cavaliers des tranchées sont des sortes de digues d'arrêt. Mais au-dessus de tous les raisonnements, se montre l'expérience des siècles, dans l'existence des lacs et surtout dans les vestiges, si bien retrouvés, de ce petit canal des Pharaons, montrant encore sa rigole.

LACS AMERS.

Cette longue dépression de terrain était jadis le fond de la mer Rouge et se nommait le golfe Héroopolite, alors que l'isthme n'avait probablement que 80 kilomètres de large. Elle reçut longtemps les eaux de la mer à chaque marée et agit de la sorte comme un marais salant, jusqu'à ce que, s'avançant toujours vers le sud, les sables la séparèrent entièrement et lui donnèrent l'aspect qu'elle présentait avant d'être de nouveau remplie par la mer. Ses blocs de sel bouleversés ressemblaient à des glaçons en désordre, un banc salin couvrait des cavités de 2 à 4 mètres pleines d'une eau limpide, mais salée et très-amère. Le passage de ces lieux était dangereux. Des croûtes gypseuses cristallisées avaient jusqu'à 6 mètres d'épaisseur. Dans la partie centrale était un mélange boueux de sable, de gypse et de sel marin, ainsi que beaucoup de coquillages de la mer Rouge. Dans le petit bassin il y avait des cristallisations de sel d'un mètre de haut.

REMPLISSAGE DES LACS AMERS.

Ce bassin a présenté un passage naturel; mais il y avait des difficultés sérieuses dans l'opération de son remplissage par des canaux étroits et dont les travaux ne devaient pas être interrompus par un courant violent. Dès le 15 janvier 1868 on se livra aux études du volume d'eau à introduire en tenant compte des sous-sols, que l'on sonda par des forages de 500 mètres en 500 mètres. Il fut reconnu que la surface du grand bassin était de 196,122,000 mètres carrés, celle du petit 42,500,000 mètres carrés, total 238,622,000 mètres carrés, et que le volume d'eau nécessaire était de 1,328,048,000 mètres cubes plus 118,300,000 mètres cubes, total 1,446,380,000 mètres cubes. MM. Borel et Lavalley furent chargés de l'opération par un marché à forfait et moyennant 2,000,000 de francs.

Deux barrages en terre furent établis aux kilomètres 91 et 134, leur plate-forme avait 5 mètres de largeur, leur pente 5 pour 1. Le déversoir du Sérapéum fut placé parallèlement à l'axe et à une distance de 36 mètres du côté de l'Afrique. Il fut construit en charpentes, formant 27 travées de 4 mètres, soit 108 mètres de largeur totale. Les orifices des vannes avaient 0 m. 46 c. de hauteur. Le débit devait être constamment réglé, pour ne pas détruire les berges, ou rendre le service des dragues impossible. Le canal de fuite avait 2 kilomètres de long et sa largeur variait de 80 à 100 mètres, sa pente était de 0 m. 25 millim. par mètre. Les barrages du nord étant coupés, l'eau fut introduite en présence du vice-roi le 18 mars 1869. On éprouva des affouillements, qui ne cessèrent qu'en juillet, après avoir été forcé de fermer pendant 24 jours. Pour l'évaporation il était admis que 0 m. 02 c. par jour ne seraient pas atteints, à cause de la couche de vapeur et de la salure des eaux : on pouvait admettre une perte diurne de 341,000 mètres cubes ; il y avait donc pendant les 27 jours estimés, 43,315,760 mètres cubes à compter pour l'évaporation.

Du côté de la mer Rouge le barrage avait 18 travées principales et 7 sur les côtés ; on en ajouta 7 autres pour régler l'écoulement suivant les marées de Suez. Le radier était un madrier et l'eau dirigée vers le milieu tombait sur des pierres apportées. Le 16 août des affouillements emportèrent une partie des ouvrages ; la vitesse du courant produisit des tourbillons, qui, sur la côte d'Asie creusèrent jusqu'à 10 mètres, il y eut un débit de 3,000,000 de mètres cubes en 24 heures, le canal se trouva rempli par 5,000,000 de mètres cubes d'eau. Un barrage résista et les eaux se répandirent sur la côte d'Asie. Le 18 août au matin les eaux de la mer Rouge se mêlèrent à celles de la Méditerranée. A partir du 15 août il fut impossible de juger du débit, il a dû être de 13,530,000 mètres cubes par jour. Cette grave opération, l'une des plus délicates de l'œuvre, s'est terminée sans accidents importants.

CANAL D'EAU DOUCE.

Faire vivre des ouvriers dans le désert a été le problème du canal maritime. Dans le principe on se servit de 2,000 chameaux ; ils ne duraient en moyenne que quatre ans, portaient chacun deux barils de 60 litres, venus de 25 kilomètres en un jour ; ce qui, avec le retour, réduisait le produit d'un chameau à 30 litres. Pendant quatre ans il n'y eut pas d'autre moyen pour faire boire jusqu'à 25,000 ouvriers. L'arrivée de l'eau du Nil était donc nécessaire. Pour cela on prit d'abord l'eau du petit canal à Zagazig, puis au Caire à 10 m. 36 c. au-dessus de la mer Rouge, d'après les beaux nivellements de M. Bourdaloue. Les eaux du Nil s'élèvent parfois à 20 mètres au-dessus de ce point du plafond.

Le canal actuel fut creusé sur une largeur de 17 mètres à la surface, de 8 mètres au fond et à 2 ou 2 m. 25 c. de profondeur. Il aboutit à Ismaïlia à 6 mètres de hauteur, après un parcours de 36 kilomètres. Le cube total des terrassements a été de 1,030,000 mètres cubes; la pente est de 0 m. 125 millimètres par kilomètre et le débit par jour de 330,000 mètres cubes du Caire à Ismaïlia. De cette dernière ville à Suez les dimensions sont les mêmes et la pente est double. Il manque un peu d'eau pendant l'étiage à cause des cultures et de l'évaporation. Le point de bifurcation est à Néfiche à 4 kilomètres d'Ismaïlia. La terre de Gessen occupée pendant 430 ans par les Hébreux est fertilisée de nouveau, et cette vaste propriété, cédée d'abord à M. de Lesseps par Saïd-Pacha, avait été affermée 150,000 fr., puis 500,000 fr. Depuis les améliorations, dues à M. Guichard, elle a été rétrocédée au Khédive pour 10,000,000 de francs.

Le nouveau canal suit à peu près le tracé de celui d'Adrien, il a deux écluses, l'une à la station du chemin de fer, l'autre à l'usine de M. Pierre. Après n'avoir été qu'une rigole pour abreuver les travailleurs et les bêtes, ce canal est arrivé aux proportions actuelles et il est devenu le principal moyen de transport des machines, du charbon et des vivres. Il a servi à un système de transit, précurseur de celui du grand canal, au moyen de 6 remorqueurs à deux hélices, entre Port-Saïd et Ismaïlia; puis vers Suez en faisant usage du système de touage à chaîne noyée et roue à empreintes de M. Bouquié, au moyen de machines de 20 chevaux. Il a fait passer ainsi jusqu'à mille tonneaux par jour d'une mer à l'autre et facilité l'exploitation des carrières de Ghebel-Geneffé. Celui des Pharaons et des Romains en faisait-il autant? Les écluses ont 33 mètres sur 8 mètres 50 c., tandis que les plus grandes barques du Nil ont 30 mètres sur 5 à 7 mètres. Leurs murs sont construits avec de la pouzzolane de Santorin et leurs portes sont en fer. Le canal exécuté par la Compagnie a été cédé au gouvernement égyptien en même temps que les terrains de l'isthme, qui n'étaient plus nécessaires à l'exploitation, une fois le canal maritime terminé.

PHARES DES LACS AMERS.

Pour terminer ce qui concerne la petite mer intérieure, dont l'évaporation produit une rosée bienfaisante, il reste à parler des deux phares, établis pour guider les navires de la sortie d'une passe à l'entrée de l'autre. Les tours ont été construites en anneaux de fonte établis sur un massif de béton, construit pendant que le lac était à sec. Ils suffisent à la navigation de nuit à cause de la largeur de la passe dans le milieu des lacs.

CHALOUF—EL—TERRABAT.

Ce troisième barrage naturel de l'isthme est une amification de Ghebel-Geneffé et de Ghebel-Awebet. On avait songé à le traverser par les mêmes procédés que celui du Sérapéum ; mais l'argile qui constitue ce terrain était pleine de gros galets nuisibles au draguage. En deux endroits il a fallu enlever à la mine 35,000 mètres cubes d'un banc de roches très-dures de 0 m.40 c. à 60 cent. d'épaisseur. Le haut de la dune a été déblayé à la brouette, plus bas on a employé des wagons montant des plans inclinés au moyen de locomotives ou de locomobiles agissant sur des chaînes sans fin. Le cube total, de 10,000,000 de mètres cubes de cette tranchée de près de 19 mètres de haut a été extrait à sec.

On était étonné en regardant du sommet cette énorme tranchée de 13 kilomètres de long, dans laquelle se mouvait une fourmilière de noirs du Soudan, de Barbarins, d'Indiens et d'Européens mêlés de femmes et d'enfants, tous s'agitant les uns avec des couffes, les autres avec des brouettes au milieu des machines, qui sifflaient en élevant les wagons. On a trouvé dans cette tranchée d'énormes débris fossiles d'éléphant et de bouquetin, ainsi que des dents de squale, le tout mêlé à des couches de bi-carbonate de magnésie. Le mode de creusement a été si bien disposé, qu'on a renoncé à l'usage des dragues qui travaillaient ailleurs, et on est descendu ainsi jusqu'au fond, c'est-à-dire à 27 mètres du haut de la dune.

Le campement de Chalouf situé au kilomètre 138 a été installé au commencement de 1863 et peu après les travailleurs de MM. Borel et Lavalley y arrivèrent au nombre de 6,000, dont 1,500 Piémontais travaillant à la mine et à la brouette. Il y eut des difficultés à la suite des rixes de cette population hétérogène. Un embranchement du canal d'eau douce y amena les vivres et les outils ; la surface des bâtiments fut de 9,118 mètres carrés, celle des cours et jardins 13,800 mètres carrés et celle des baraques 8,403 mètres.

Entre Chalouf-el-Terrabat et Suez on a trouvé un banc de roches, qui a été évité en passant à l'Est. Le terrain est presque partout horizontal et bas, il est mêlé de rognons calcaires, qui ont fait continuer le creusement à sec jusqu'à 4 kilomètres de la mer Rouge. On a enlevé ainsi 7,019,000 mètres cubes, avec 6,000 ouvriers travaillant à la brouette et 29 plans inclinés desservis par 2,000 hommes. Ce travail fut terminé le 2 août 1869.

Pour arriver à la mer Rouge, sans exposer les travailleurs à être engloutis, on a procédé comme dans le lac Menzaleh, c'est-à-dire au moyen de deux rigoles écartées de la distance des berges du grand canal, dans lesquelles on introduisit cinq dragues au mois de janvier 1867. Elles étaient desservies par des porteurs et des élévateurs, on y ajouta 4 dragues à long couloir flottant à 2 mètres au-dessus de la mer Rouge au moyen d'un emprunt fait au canal d'eau douce. Ce procédé avait dû être employé pour le seuil entier, mais il fut abandonné à cause des pierres rencontrées. Le 16 août 1869 l'eau de la mer Rouge y fut introduite et déversée dans les lacs amers, où il y avait déjà une épaisseur de 4 mètres d'eau de la Méditerranée.

Au sud de Chalouf, la plaine est rocailleuse, les eaux du Nil l'ont envahie parfois, elle est couverte de sable de coquilles et de sables coquilliers agglomérés en roches calcaires, qui ont servi à la jetée de la mer Rouge.

MARÉE DE LA MER ROUGE.

La hauteur de la marée ne dépassant pas 1 m. 60 c., il n'y a pas eu besoin d'écluses à sas, pour éviter un courant violent entre la mer et les lacs amers. Ce courant ne dépasse pas deux nœuds, ou 1 mètre par seconde, et il entretient le canal plutôt qu'il ne lui nuit. Les berges en argile tiennent bien, et l'immense surface des lacs amers sert amplement de compensateur au petit volume d'eau entré, puis sorti, toutes les douze heures. Aussi les dénivellements sont-ils tout à fait insensibles au seuil du Sérapéum.

Il n'y a pas non plus de courant général, les deux mers étant parfaitement de niveau, comme La Place et Fournier l'avaient assuré. Les vents n'ont pas d'influence, en ce qu'ils dénivellent trop peu les eaux de l'une des deux mers. De sorte que les craintes cherchées à cet égard, se sont montrées sans fondement comme beaucoup d'autres.

SUEZ.

La ville de Suez ou Soueys, que les géographes croient bâtie sur les ruines de l'antique Clymsa, existait à côté de celle de Quolzoum, dont il reste une porte dans la direction de Bir-Soueys. Elle vit partir les 300 vaisseaux envoyés par Sésostris dans l'Inde, et fut l'entrepôt du commerce oriental du temps des Romains et des Califes. Dans l'est et à l'extrémité du canal de Darius on voit les ruines de la ville d'Arsinoé.

ou plutôt de Cléopatris. La découverte de la route par
le cap de Bonne-Espérance causa la ruine de Suez, qui
resta sans autre eau que celle assez saumâtre des fon-
taines de Moyse.

Cette ville était très-misérable à l'époque de l'expédition d'Égypte et elle reprit un peu de vie, lorsque
les efforts persévérants du capitaine Waghorn firent
établir le transit, effectué d'abord pour les dépêches et
les passagers au moyen de voitures et de relais établis
dans le désert. Elle eut ensuite un chemin de fer
parcourant des vallées arides et par lequel des trains
d'eau arrivèrent, ce qui coûtait 1,200,000 francs par an
et 45 francs par mois à chaque famille. L'arrivée du
canal d'eau douce a été une joie pour les habitants, les
femmes sortirent des maisons pour la voir couler et
pour la boire; il en est résulté un peu de bien-être et
même quelque peu de verdure. Les rues sont étroites
et tortueuses, mais abritées du soleil; les maisons ont
des terrasses et sont bâties en briques crues. Sauf
l'hôtel de la Compagnie Orientale péninsulaire et les
habitations des consuls, tout est plus misérable que le
panorama ne le ferait présumer.

TRAVAUX D'ART.

Le calme des eaux du fond de la mer Rouge a permis
de ne pas protéger l'entrée du canal par des jetées,
comme il a fallu le faire à Port-Saïd et le canal dé-
bouche entre deux quais à l'est de la ville. Mais la
petitesse du fond dans le voisinage de la terre a fait
construire au loin une presqu'île factice, entourée de
quais en pierre, qui forment un bassin où les navires
peuvent accoster. Pour les radoubs MM. Dussaud ont

construit un superbe bassin à sec à l'entrée duquel il
y a 6 mètres d'eau à basse mer et qui peut recevoir
les plus grands navires. Le terre-plein environnant est
assez étendu pour y élever les édifices nécessaires
au commerce, et il est relié à la terre ferme par une jetée courbe longue de 1,400 mètres sur 50 à 150 mètres
de large, formée de remblais soutenus par des pierres
tirées de Ghebel-Attaka. Sur cette jetée est établi un
chemin de fer amenant les wagons à l'extrémité.

C'est là que M. de Lesseps a élevé sur un piédestal
le buste du capitaine Waghorn, dont la foi dans une
idée vraie est parvenue à lutter contre les usages
adoptés et à faire établir le service à vapeur par la mer
Rouge et plus tard le transit de Suez au Caire. A côté
est une pierre de 7 mètres de long, 2 mètres de
large, et 0 m. 50 c. d'épaisseur moyenne, pesant 15 à
16,000 kil., qui montre la puissance de la drague, qui
après l'avoir arrachée du fond, l'a soulevée en l'air.

L'entrée du canal est indiquée par deux phares, dont
l'un est à l'extrémité d'une petite jetée de 887 mètres
qui, partant d'une pointe de la côte d'Asie, couvre
l'entrée contre le peu de mer produite par les vents de
sud. Toute cette partie avait été sondée par M. Larousse, ingénieur hydrographe, qui s'est aussi occupé
des travaux du canal depuis les lacs amers jusqu'à
Suez. La rade extérieure est sûre et d'une bonne tenue.
Au delà s'ouvre la route maritime de l'Inde et de la
Chine.

QUATRIÈME PARTIE

MATÉRIEL D'EXPLOITATION

DU CREUSEMENT

DU CANAL MARITIME DE SUEZ.

Pour donner une idée de l'importance du matériel d'exploitation, représenté par les modèles de la vitrine située dans la salle de Lesseps, il convient d'exposer quelques nombres relatifs aux engins employés, lorsqu'après les efforts de ce qu'on peut appeler la période héroïque du travail, l'intelligence européenne a pu mordre sur ce sol désert, grâce à la communication établie à l'abri des commencements de la jetée de l'Ouest. Ces modèles ont été donnés au musée de Marine par le conseil d'administration de la Compagnie universelle, sur la proposition de M. de Lesseps, et voici l'exposé numérique de la réalité qu'ils représentent avec exactitude, à l'échelle de $0^m,03$.

18 petites dragues, 58 grandes dragues, dont 20 à couloir de 70 mètres, semblables au modèle; les autres grandes dragues étaient desservies par 37 grands por-

teurs à vapeur, pouvant tenir la mer, ainsi que par 42 gabares à vapeur et à clapets de fond ; 30 gabares à vapeur à clapets latéraux, et 18 élévateurs, avec leurs 90 chalands flotteurs et leurs 700 casses à déblais. A ces grands engins, il y a lieu d'ajouter 20 grues à vapeur, 5 chalands transports à vapeur, 10 chalands citernes à vapeur pour distribuer l'eau douce aux travailleurs et aux machines, 150 bateaux en fer pour le transport des charbons et des approvisionnements, 15 canots à vapeur de diverses grandeurs et 30 locomobiles employées à divers travaux. Tel était le grand outillage, aussi admirablement utilisé que rapidement créé par MM. Borel et Lavalley. A cela il convient d'ajouter celui de M. Couvreux, qui, d'une nature différente, était spécialement destiné à travailler à sec, et se composait d'excavateurs ainsi que de locomotives et de wagons pour emporter les déblais.

Lorsque le matériel de MM. Borel et Lavalley, monté sur la plage de Port-Saïd avec une rapidité surprenante, s'est trouvé en activité, il consommait par mois 2,600 kilogrammes d'huile et 10,000 tonneaux de charbon. Ses feuilles de journées portaient plus de 22,000 hommes dans le désert ou au milieu des eaux des lacs. La valeur des objets de rechange employés chaque mois s'élevait à 500,000 francs et exprimait un poids de 1,000 tonneaux.

Enfin si, comme le disait alors M. Lavalley, les produits des déblais d'un mois étaient versés sur les boulevards de Paris, ils les rempliraient jusqu'au faîte des maisons, depuis la Madeleine jusqu'au Château—d'Eau. Le déblai total, tant au-dessus qu'au-dessous du niveau de la mer, avait été évalué à 75,000,000 de mètres cubes à extraire, et la réalité a peu dépassé ce que les premiers relevés avaient permis d'établir par le calcul.

Quant au cube à extraire annuellement de ce canal

do 8 mètres de profondeur, 100 mètres de largeur sur plus des 3/4 du parcours et 70 mètres à travers les seuils, on sait maintenant qu'il est beaucoup au-dessous des premières évaluations et qu'il ne dépasse pas 500,000 mètres cubes par an. Quelque élevé que paraisse ce chiffre, il n'excède pas celui de la plupart des travaux du même genre; car, après leur exécution, ils deviennent une lutte continuelle contre la nature, qui replace constamment ce que l'homme s'est efforcé de déplacer. Partout il faut un curage permanent ou périodique pour maintenir la profondeur des canaux ou de certains ports. Ainsi, à Saint-Nazaire, il faut enlever annuellement de 300,000 à 350,000 mètres cubes de vase dans le bassin, qui n'a que 10 hect. 40 c. et 193,000 mètres cubes dans le chenal, dont la surface n'est que de 1 hect. 35 c., c'est-à-dire en tout 11 hectomètres 75 c. pris sur les 162 kilomètres de longueur du canal de Suez. Ce n'est qu'à Port-Saïd, qu'il y a lieu de croire à une lutte un peu énergique contre les causes naturelles qui entraînent les sables.

N° **1138.** — Drague a long couloir, 1865.

Échelle 0m03.

Il n'y a qu'à considérer les anciennes cure-môles ou machines à curer (voir du n° 99 au n° 106 du Livret du musée de Marine) et à parcourir leur description, pour se rendre compte de la faiblesse et de la lenteur d'un tel moyen de curage des ports. Aussi les dragues à godets, inventées depuis assez longtemps (il y en avait une, en 1828, dans le trou Fanfaron, à l'île de France), ont été une des heureuses applications de la force de la vapeur. Le mode d'action de ces dragues est trop

simple et trop connu pour exiger des détails, et il suffit de mentionner ici ce que les circonstances spéciales
du creusement du canal ont amené à modifier. Car si
dans les cas ordinaires, les déblais sont emportés par
des bateaux spéciaux, il n'en était pas de même pour
le canal, qui ne devenait navigable qu'une fois assez
profond et qui exigeait des transports à grande distance. Le dépôt des déblais sur les lieux mêmes était
donc très-utile, et là où les sables étaient bas, on l'a
opéré directement, en allongeant le déversoir, pour en
venir à ce qu'on a nommé un couloir. Pour cela, le point
d'attache de l'élinde a été successivement élevé jusqu'à 14^m70, et le couloir est arrivé à une longueur
de 70 mètres, sous la forme d'une demi-ellipse en tôle
de $1^m,50$ de large et de $0^m,60$ de creux, soutenue par une
légère charpente en fer, portée sur un bateau. Le sable
déversé est mêlé à de l'eau élevée par une pompe spéciale, et il s'écoule naturellement ou à l'aide d'une
chaîne balayeuse. Il descend ainsi sur des inclinaisons
de $0^m,04$ à $0^m,05$ pour mètre, tandis que les argiles exi-
gent 6 à 8 °/₀ sans eau ; au contraire, les vases descendent naturellement avec une pente à peine sensible.
Avec le sable, l'injection d'eau est indispensable, tandis
que pour la vase et l'argile, il suffit d'assez d'eau pour
baigner la masse et la soulever. Les jets d'eau énergiques se sont montrés peu utiles, et trois ou quatre
hommes, poussant avec des rateaux, sont le meilleur
auxiliaire. Deux petites presses hydrauliques à main
permettent d'élever ou d'abaisser le couloir pour lui
donner l'inclinaison convenable. Pour commencer le
travail, une fois les premières rigoles creusées à bras,
on ajouta des couloirs de 18 mètres aux petites dragues
de 14 à 18 chevaux, dont les godets ne contenaient que
100 à 150 litres, tandis que ceux des grandes sont de
400 litres et passent au nombre de 20 par minute ou

480 mètres cubes par heure. Des installations improvisées et pittoresques ont d'abord soutenu ces couloirs, jusqu'à l'adoption du majestueux appareil, représenté par le modèle, et dû à l'expérience et à l'initiative de MM. Borel et Lavalley, qui chargèrent les forges et chantiers de la Méditerranée de leur exécution, sous la direction de M. Lecointre, ancien ingénieur de la marine. Le grand chaland porte l'appareil moteur et tout ce qui sert à la manœuvre, ainsi qu'au papillonnage ; sa longueur est de 33 mètres et sa largeur de 8^m,26 ; il est lié par des chaînes à un second chaland, tenu à distance par un arc-boutant en treillis et servant à porter l'élégante charpente du couloir, placée sur un plateau tournant. Les deux chalands se transportent ensemble au moyen de quatre ancres, dont les chaînes passent dans des conduits situés aux quatre angles du grand chaland et qui sont tirées ou filées par des treuils à déclic, de manière à faire passer partout les godets, ce qui exige beaucoup d'attention et d'adresse.

Au moyen de ces nouveaux engins, le sable ou la vase, arrachés à 8 mètres de profondeur, se sont trouvés directement transportés à 70 mètres de distance et déversés à 5 ou 6 mètres au-dessus de l'eau, pour former des berges d'un relief semblable au creux produit dans le canal par les godets. Le rendement des 22 dragues à long couloir a été, en moyenne, de 70,000 mètres cubes par mois ; l'une d'elles a dépassé 100,000 mètres cubes. Les 22 petites dragues à couloir ont donné 36,000 mètres cubes ; celles à porteur ou à gaberies 25,000 mètres cubes, et enfin celles desservies par les élévateurs (voir n° 1138), ont obtenu 15,000 mètres cubes en moyenne et 20,000 mètres cubes au maximum. Le rôle de ces divers appareils a été réparti, dans l'origine, de la manière suivante : 10,000,000 de mètres cubes devaient être enlevés par les dragues à porteur allant à la mer ; 5,000,000 de mètres cubes par celles à élévateurs et 25,000,000 de mètres cubes, par celles à couloir. Leur travail réuni a enlevé 40,000,000 de mètres cubes sur une longueur de 90 kilom., dans les parties du canal où le terrain est à moins de 2 mètres au-dessus du niveau des deux mers, et le déblai total au-dessus comme au-dessous du niveau des eaux, était évalué à 75,000,000 de mètres cubes d'après les études préalables. Toutes les grandes dragues ont eu les mêmes machines et les mêmes chaudières; leur consommation de charbon a été, en moyenne générale, de 5 kil. 60 par mètre cube extrait, et elle s'est divisée ainsi : 3 kil. 20 pour les couloirs, 6 kil. pour les élévateurs, et 6 kil. 20 pour les dragues desservies par les gabares et les porteurs. Malgré la force de toutes leurs pièces, exagérée à dessein, les dragues ont souffert de l'énergie de leur travail, qui n'a jamais dépassé 16 heures par jour. Les clavetages des roues dentées ont été souvent ébranlés; les tiges des chaînes de godets et leurs boulons ont été rapidement usés par le sable. Les godets ont été souvent réparés ou changés; il a fallu en refaire 2,800, au prix d'une dépense de 2,000,000 de francs. Enfin, les réparations incessantes de ces engins toujours en action, ont coûté des sommes considérables, à cause de l'élévation des salaires et des prix de tous les objets, dans ce désert qui tirait de l'Europe tout ce qui était nécessaire au travail et aux travailleurs.

N° **1139.** — Porteur de déblais, *allant à la mer*, 1866.

Échelle 0ᵐ03.

Ces bateaux en fer ont été construits en France au nombre de 27 et en Angleterre au nombre de 10. Ils ont

42^m,70 de long , 7 mètres de largeur, 3^m,60 de creux et 2^m,50 de tirant d'eau en charge. Leur puits à déblais a 15^m,15 de long et 5^m,25 de large en haut, tandis qu'au fond ce n'est que 2^m,50. De chaque côté se trouvent six portes en fer, à charnières, venant butter contre les côtés de la quille au moyen de chaînes, qui les ferment, en passant sur les rouleaux portés par une longue arcade supérieure, en cornières et en tôles, qui s'appuie sur les cloisons des extrémités du puits. Ces chaînes viennent s'enrouler devant et derrière sur des treuils, contenus dans un massif en fer, fixé au pont. Les côtés du bateau forment des chambres d'air, consolidées par des entretoises. A l'avant se trouve le logement de l'équipage et à l'arrière une machine à pilon à deux cylindres, faisant mouvoir une seule hélice. Cet appareil est à moyenne pression et condensation par surface dans les appareils anglais et à haute pression sans condensation pour ceux construits en France, qui fonctionnent à l'eau douce. Leur puissance est d'environ 50 chevaux. Leur puits à déblais contient 166 mètres cubes sur les premiers et 200 mètres cubes sur les seconds. Leur vitesse est de 6 à 7 nœuds, ou 11 à 13 kilomètres à l'heure.

On a fait construire chez M. Ernest Gouin 42 porteurs du même genre, dont il a été inutile de faire un modèle spécial, à cause de leur trop grande ressemblance avec les premiers. Cet autre genre de porteur est aussi à fond plat et à section rectangulaire : il a 34^m,50 de long, 7^m,0 de large, 2^m,30 de creux et 1^m,50 de tirant d'eau en charge. La machine, à deux cylindres adossés, mène deux hélices ; sa chaudière, placée en long, est à haute pression et s'alimente avec de l'eau douce. Les deux côtés du bateau forment des chambres à air, entre lesquelles est l'espace réservé aux déblais, dont les côtés sont obliques et maintenus par des entretoises. Ce puits a une longueur de 16^m,56 et une largeur au fond de 2^m,50 ; il est fermé par six paires de portes à charnières sur les côtés, qui buttent contre la quille et contre les entretoises qui réunissent les deux côtés du fond du bateau. Il a été difficile d'empêcher le sable de passer par le pourtour, tant il est fin, et il a fallu mettre des cuirs aux portes. Les chaînes sont disposées comme celles du porteur précédent, c'est-à-dire qu'elles passent sur des poulies portées par une longue arcade en fer, et qu'elles sont tendues par des treuils situés dans deux massifs de fer fixés au pont.

N° 1140. — Porteur de déblais, a clapets latéraux, *pour les lacs et les bassins peu profonds*, 1866.

Ces bateaux plats, construits en fer au nombre de 30, par M. Ernest Gouin , ont 32^m,50 de long , 6^m,05 de largeur au plat bord et 4^m,20 au fond, 1^m,90 de creux et 1^m,50 de tirant d'eau en charge. Ils ont les formes des bateaux de rivière et sont poussés par deux hélices, menées par deux machines horizontales à haute pression , dont les cylindres sont adossés par le fond ; la chaudière , timbrée à 8 atmosphères, et placée en travers, est alimentée à l'eau douce ; sa surface de chauffe est de 22 mètres carrés. Le milieu du bateau forme une longue chambre pleine d'air et à section triangulaire , dont le sommet est au niveau du plat-bord, et dans laquelle les hommes entrent pour manœuvrer les six treuils, qui ferment les portes au moyen des chaînes passées sur des poulies supérieures. Les portes ont leurs charnières un peu au-dessous de la flottaison et en s'ouvrant elles ne descendent pas plus bas que la quille ; de sorte que les déblais sont déposés par de très-petits fonds, ce qui a été très-avantageux, en évitant d'être forcé de les porter au loin. Léges ou chargés, ces porteurs filent 6 ou 7 kilomètres, c'est-à-dire 3 à 4 nœuds à l'heure. A Port-Saïd, ils ont bien tenu la mer, lors du creusement du chenal extérieur.

N° **1141**. — ÉLÉVATEUR 1865.

Échelle 0^{m}03.

L'impossibilité de transporter les déblais en mer et par suite la nécessité de les déposer sur les lieux d'extraction, ont amené MM. Borel et Lavalley à inventer un nouvel engin destiné à déposer les sables à des hauteurs auxquelles les longs couloirs ne pouvaient pas atteindre. On avait d'abord essayé des toiles sans fin, puis des grues tournantes et roulantes desservies par un wagonage ordinaire; mais l'usure des toiles, puis le peu de résistance du sol firent renoncer à ces procédés. On est arrivé ainsi à combiner un moyen d'élever le sable déversé dans des caisses au lieu de l'être dans des bateaux. L'élévateur proprement dit est, comme le montre le modèle, formé de deux voies de fer, portées par des poutres à jour, dans le sens perpendiculaire à la longueur du canal. L'extrémité inférieure est à 3 mètres au-dessus de l'eau, et la supérieure s'élève à 14 mètres. Le milieu des poutres à jour repose sur un charriot roulant sur les rails, établis sur la berge, tandis que le bout inférieur est porté par un chaland, et celui qui s'étend vers la terre se trouve en porte à faux. Les deux poutres sont maintenues, à 4 mètres de distance, par des arcades, et l'attache au chaland est une sorte de joint à la Cardan.

Sur les rails inclinés roule un charriot, dont l'un des

axes de roues porte un système de chaînes destinées à soulever les caisses au moyen d'une machine à deux cylindres, dont la chaudière est dans le chaland et dont le tuyau à vapeur passe dans l'intérieur du joint à la Cardan. Au moyen des chaînes, la machine soulève une des caisses contenues dans le chaland et la porte au sommet du plan incliné, où elle déverse automatiquement son contenu. Alors la machine a son mouvement renversé, de manière à descendre la caisse et à la replacer dans son compartiment, et le chaland se hâle pour placer une nouvelle caisse sous les crochets de l'élévateur. Tout l'appareil se transporte sur les rails pour distribuer les déblais, qu'il soulève.

Nº **1142**. — Flotteur a caisses de déblais.

Afin d'apporter à l'élévateur les caisses remplies de sable par les dragues, on a employé deux flotteurs ou caisses rectangulaires en tôle, formant ensemble une sorte de chaland ouvert au milieu. Ces longues caisses ont $17^m,50$ de long, $1^m,10$ de large et $1^m,25$ de haut; elles sont maintenues à 3 mètres de distance, c'est-à-dire un peu plus que la largeur des caisses, par huit cloisons à claire-voie, entre lesquelles les caisses viennent se placer. Celles-ci contiennent 3 mètres cubes de déblais, qui, transportés à une hauteur considérable, représentent un très-grand volume de sable déposé sur les berges trop élevées pour les longs couloirs.

Nº **1143**.—Excavateur-chargeur de M. Couvreux, 1865.

Échelle 0^m03.

La difficulté de nourrir et d'abreuver assez de travailleurs au milieu du désert de l'isthme, et plus tard la suppression du travail des fellahs, ont conduit à employer des moyens nouveaux, pour extraire mécaniquement de grandes masses de sable. Aussi alors que les dragues n'étaient encore employées que sur des bateaux, M. Couvreux a inventé un moyen de les utiliser à sec, et il a été breveté pour son excavateur, spécialement destiné à franchir le seuil d'El-Guisr. Comme on le voit par le modèle, ce nouvel engin est une petite drague montée sur un charriot, roulant sur trois rails établis au sommet du talus de la dune; ses 18 godets sont portés par une élinde en bois longue de 12 mètres, laquelle est soutenue par une bigue haute de 5 mètres, qui lui donne l'inclinaison voulue au moyen d'un palan. Toute la charpente du charriot est en fer; elle porte l'axe de l'arbre des godets à une hauteur de 5 mètres au-dessus des rails, qui sont écartés de 3 mètres. Les longerons du charriot ont 6 mètres et le déversoir a une saillie de 3 mètres. La machine est posée sur le charriot à l'opposé de l'élinde, dont elle compense le poids, et elle est renfermée dans une enveloppe en tôle, afin d'être préservée du sable des godets, qui passent au-dessus. Tout l'appareil est porté par six roues, dont les axes extrêmes sont éloignés de 3^m,20, et qui sont mues par la machine au moyen d'engrenages. Il se transporte ainsi en faisant gratter le sable par ses godets et en le déversant dans des wagons, qu'une locomotive entraîne au loin sur des rails inclinés. A mesure que la tranchée s'élargit, les rails sont démontés et portés plus loin, pour que l'excavateur fasse de nouvelles passes dans le sable, et les rails de la locomotive sont raccordés avec la nouvelle position de ceux de la drague à sec. Lorsque la tranchée était arrivée à 20 mètres de largeur, les excavateurs l'approfondissaient jusqu'à 2^m,20 au-dessous du niveau de la mer, qui,

6

amenée dans ce nouveau canal, permettait le travail des dragues ordinaires et la circulation des bateaux-porteurs, qui versaient leurs déblais dans le lac Timsah récemment rempli d'eau. Les wagons ont aussi été chargés à la pelle, et par ces moyens, habilement combinés, **M.** Couvreux est venu à bout de ce seuil d'El-Guisr, de cette digue, comme l'indique son nom, qui devait arrêter toute l'entreprise. Il y est parvenu en moins de temps que ne le prescrivaient les limites de son marché avec la Compagnie universelle et que ne le faisaient présumer les difficultés du travail dans la partie de l'isthme la plus élevée et la plus éloignée des moyens de transport par eau.

N° 1144. — Remorqueur sur chaine noyée de M. Bouquier, ingénieur civil, 1866.

Échelle 0^m03.

Les travaux du creusement du canal maritime ont nécessité tant de transports d'approvisionnements ou de déblais, qu'on a eu recours à divers moyens, et entre autres au remorqueur sur chaîne noyée, de **M.** Bouquier, ingénieur belge, dont l'appareil était déjà usité sur les canaux de son pays. Cette disposition consiste en une roue à empreintes, comme celle inventée par **M.** Barbottin, capitaine de vaisseau, pour les cabestans de navires; cette roue est placée sur le côté d'un bateau et agit sur une chaîne noyée dans la direction du canal. Une machine quelconque, une locomobile, par exemple, placée dans le bateau, met en mouvement la roue à empreintes, par une courroie ou un engrenage, et le bateau est entraîné, avec tous ceux attachés derrière lui , sans qu'il y ait la perte de travail que le recul de l'hélice ou des roues fait éprouver aux remorqueurs ordinaires. Pour croiser deux trains de bateaux, l'un des remorqueurs fait sortir sa chaîne des empreintes et la jette à l'eau ; puis, quand l'autre est passé, sans lâcher sa chaîne, il la pêche au fond de l'eau avec une gaffe et la replace sur les empreintes pour continuer sa route. Cette méthode si simple permet de n'avoir qu'une chaîne pour des trains opposés, et l'appareil lui-même se transporte à peu de frais sur un autre bateau.

Avant l'ouverture du canal, on était si préoccupé de la navigation de grands navires dans ce long chemin, si étroit pour eux, qu'on avait pensé à remorquer tous les navires, et la chaîne noyée avait été l'un des procédés proposés. Mais l'adresse des marins a bientôt prouvé, qu'on naviguait sans retards dans le canal, et que les plus grands navires se croisaient sans recourir aux garages qu'on leur avait préparés : il a suffi pour cela que leur roue de gouvernail fût située assez haut, pour que le timonier vît lui-même sa route, au lieu d'être guidé par la voix.

N° **1145**. — CANOT A VAPEUR.

Échelle 0ᵐ03.

Le canot à vapeur, si usité maintenant, est une invention de date récente et qui est due à M. Mazeline, ingénieur au Havre, auquel la marine a été longtemps redevable de ses meilleures machines. Il construisit, en 1857, la *Mouche*, qui était assez légère pour être hissée en porte-manteau à bord du yacht le *Prince Jérôme-Napoléon*, et qui cependant faisait filer 4, 3 nœuds ou près de 8 kilomètres à l'heure, à une chaloupe et à un canot portant, l'un, 100 hommes, l'autre 60, avec leurs obusiers, leurs armes et leurs munitions. La *Mouche* avait 8^m,50 à la flottaison et 1^m,80 de large, 1 mètre de creux et 0^m,65 de tirant d'eau; son poids total, avec l'eau des chaudières, n'était que de 2,775 kilogrammes. Elle filait franchement 7 nœuds ou 13 kilomètres à l'heure, alors que les bateaux de 160 chevaux, déjà vieillis, il est vrai, ne marchaient pas plus vite.

Depuis lors les canots à vapeur ont été généralement adoptés avec des dimensions plus grandes, lorsqu'ils ne devaient pas être hissés sur les navires, et ils sont devenus un des agents indispensables des travaux maritimes.

Paris. — Typ. Ch. de Mourgues Frès, rue J.-J.-Rousseau, 58. — 867